지중해 여행 지도, 나를 기억하다

지중해 여행 지도, 나를 기억하다

1판 1쇄 발행 | 2016년 3월 15일
1판 2쇄 발행 | 2016년 3월 25일

지은이 송영만

디자인 자문 최웅림

펴낸곳 효형출판
출판등록 1994년 9월 16일 제406-2003-031호
주소 413-756 경기도 파주시 회동길 125-11(파주출판도시)
전자우편 info@hyohyung.co.kr
홈페이지 www.hyohyung.co.kr
전화 031 955 7600 | **팩스** 031 955 7610

값 14,500원

이 도서의 국립중앙도서관 출판예정도서목록(CIP)은 서지정보유통지원시스템 홈페이지
(http://seoji.nl.go.kr)와 국가자료공동목록시스템(http://www.nl.go.kr/kolisnet)에서
이용하실 수 있습니다.(CIP제어번호: CIP2016005623)

지중해 여행 지도, 나를 기억하다

어느 시간 여행자의
백 투 더 퓨처

송영만 글·그림·사진

효형출판

늦둥이의 변·辯

유소년 시절 나는 참 숫기가 없었던 것 같다. 여간해선 먼저 손들고 나서는 법이 없었다. 선생님이 가정 방문 예고라도 하는 날엔 하늘이 유난히도 노랬다. 가전제품 소유 여부를 묻는 선생님의 질문엔 애써 눈길을 피하기 일쑤였다. 뭐 그리 부끄러웠는지 가슴은 두근 반 세근 반 꿍닥거렸다.

그래도 공부만큼은 잘한 편이다. 거기에 뒤질세라 공 갖고 노는 운동도 썩 잘했다. 뒷선에서 공만 만지작거리다가 실력이 금세 들통 난 '무데뽀' 아이 대신 들어가 눈에 띌 만큼 분위기를 바꿔놨다. 중·고 시절엔 학교 대표 핸드볼 선수로 전국 대회에서 수상할 정도로 구기 종목에서는 남다른 재주가 있었다.

수줍음이 지나치면 늦둥이가 되는 것 같다. 아마 어머니가 늘 말씀하셨던 "많은 사람 앞에선 나대지 말라"는 가르침도 영향을 주지 않았나 싶다.

초등학교 시절에도 쉬는 시간이면 활극을 벌이는 아이들 틈에서 지리부도를 뒤적였던 나였다. 공부도 운동도 웬만하니 왈패들도 집적이지 않았기에 가능했던 일이다. 베네수엘라 오리노코 강 유역에 석유가 무진장 묻혀 있다는 사실도, 영국이 아덴 만에 해군기지를 갖고 있다는 내용도 그때부터 어렴풋이 알았다. 중·고 시절엔 지리 시험만큼은 줄곧 만점을 받았던, '지리 집착증' 아이였다.

고등학교 3학년 때 담임 선생님은 일찌감치 담장 너머 대학의 '지리학과'를 염두에 뒀다. 입시 두 달을 남기고 친구 다섯이 통학 시간조차 아끼겠다며 학교 앞에 공부방을 마련했다. 그러나 '멋진 매조지'는커녕 방 안 귀퉁이를 뼁 둘러 매실주 병만 늘어났다. 아니나 다를까 다섯 친구 몽땅 그해 입시에서 실패했다. 낙방의 쓴맛도 동병상련화되면 의지도 각오도 흐물흐물해진다. 재수한답시고 지질한 나날이 흘러간다. 치악산의 전기 철도 공사 현장에서 한 달여 숙식하기도 했으니 와신상담 흉내도 못 낸 채 본전도 못 찾는 꼴이 되었다.

우여곡절 끝에 신촌 한 대학의 외교학과에 진학한다. 설렁설렁 학점 만만한 과목을 밀치고 명분을 선택하는 패착을 둔다. 경제학 부전공으로 인해 학점은 거덜 났고 한 학기 등록금을 더 내고서야 겨우 졸업을 했다. 늦둥이 기질은 천질처럼 붙어 다녔다.

외교학과를 나왔다는 이력 때문인지 출판계에선 국제 교류 상임 이사를 맡았다. 해외 교류 업무를 5년이나 하며 유럽을 뻔질나게 나갔다. 더구나 2005년 프랑크푸르트 도서전 주빈국 기획단장을 맡았으니 그해엔 무려 예닐곱 번 유럽 땅을 밟았던 기억이다.

주로 프랑크푸르트, 볼로냐, 파리를 오가는 일이 공식 일정이었으니 하루 이틀 짬을 내야 알프스 언저리나 알자스로렌을 넘나드는 정도였다. 남프랑스나 에게 해 지역을 곁눈질할 여유는 어림도 없었다.

파주출판도시의 협의회나 재단 일을 책임질 때도 책 마을이 산재한 영국, 네덜란드, 벨기에를 촘촘히 다녔다. 가끔 루마니아, 불가리아 등 흑해 부근도 서성였지만, 문명의 용광로 같은 지중해엔 좀처럼 갈 수 없었다. 그래도 지도를 만지작대며 지중해 탐방의 의지만큼은 마음속에 차곡차곡 쟁여갔다.

출판사 한편의 책방에서 행한 건축 도시 특강이나 지중해 특강을 위해 책방 들머리에 지중해 전도를 분필로 스케치해봤다. 신선한 터치라고 보는 사람마다 즐거워했다. 의외였다. "칭찬은 고래도 춤추게 한다"는데 그 고래가 갑년을 훌쩍 넘긴 '초로의 아저씨'였다. 우쭐한 나머지 책방 곳곳에 그림을 그리기 시작했다. 색동 분필도 써보고 때론 크레파스로 '무지개'를 그려나가니 마음만은 동심으로 돌아갔다. 새똥 먹은 듯 찌푸렸던 얼굴도 묵직했던 머리도 한결 해맑아졌다.

2013년, 마침 국민연금이 나오기 시작했다. 미약하나마 아직 푼돈은 만지니 절반밖에 나오지 않았지만 몇 달 묵혀두니 제법 씨알이 굵어졌다. 본격 지중해 여행을 그려나가기 시작했다. 아직은 몸놀림이 멀쩡하니 렌터카를 몰고 때론 트래킹 신발을 조여 매며 미지의 세계로 들어가고 싶었다.

2014년엔 남프랑스로 들어가 국경 너머 '나만의 산레모'로, 알프스의 베르동 협곡과 구르동 성채를 거쳐 프로방스의 듣도 보도 못한 벼랑길에도 올라붙어 봤다. 그리고 인적조차 드문 루베롱 산록을 걷고 또 걸었다. 2015년엔 유년 시절부터 꿈꿔왔던 에게 해, 크레타, 키클라데스 제도를 가슴을 저미며 항해했다.

처음엔 힘이 닿을 때까지, 단지 여행하는 것만으로 생각했지 책쓸 생각은 눈곱만큼도 없었다. 이런저런 미디어에서 책 편집에 빠진 날이 10여 년, 그리고 1994년부터 본격 책 만드는 일에 매달려 얼추 500여 권은 내 손을 거쳤을 터인데, 나까지 책을 쓴다는 것은 허황된 일이라고 생각해왔다. 내심 칠순쯤에 지지고 볶은 사연을 간략하게 정리해볼까 하는 마음만 한편에 두고 있었다.

나는 여행 전, 미지를 추스르는 워밍업을 하곤 한다. 머릿속에 여행 코스를 집어넣고 윤곽이나마 스케치하는 버릇이 있다. 그러나 이젠 찬사와 박수까지 받았으니 스케치 수준에서 한 단계 올라가 여행

7

지도를 그려나갔다. 소담한 디지털카메라까지 선물 받았으니 탐사
길은 로드 무비처럼 펼쳐졌고, 발로 쓴 일상의 기록은 어쭙잖은 '시
적 에세이'로 이어졌다.

여행 지도를 휘적일 때마다 40, 50여 년 전의 잊혔던 '기억의 창
고'가 하나둘씩 열리고 있었다. 화석화된 추억의 파편들이 고물고물
이어져나갔다. 이순耳順 넘겨 돌아본 '질곡의 나날'들이 전혀 다른 모
습으로 다가왔다. 슬프고 아렸던 사연도 때론 정겹고 곰삭은 맛으로
돌아왔다. 여행 지도 그리기는 원망도 통한도 희석시키는 너그러움
을 갖고 있었다. 나만의 비밀 창고에 애써 밀봉했던 가슴 시린 기억
도 그려내는 용기까지 가져왔다.

코트다쥐르와 프로방스를 탐방한 전반부엔 개인사적인 고백과 신
기루처럼 사라져간 유소년 시절의 아스라한 풍광에 대한 아쉬움을
담아냈다.

한 개인의 시공간을 뛰어넘는 기억 여행은 불쑥 비약으로 치닫고
느닷없는 의식의 전환도 나타난다. 제3자가 보기엔 다소 불편할 것
이다. 한 개인의 단면을 통해 당시의 시대적 갈등과 불화를 조금이
나마 공감했으면 하는 바람이다.

젊은이들 입장에선 자다 봉창 두드리는 소리로 들릴 수도 있겠다.
마음을 나누기엔 너무 먼 옛날로 돌아가 비현실적일 수도 있겠다.

거기에 신화까지 마구 끼어드니 상상력은 끝 간 데 없이 뻗어나간다. 후반부는 역사 기행과 도시 기행이 주조를 이루니 다소 무거운 글투나 상념이 곳곳에 나타난다. 주관적인 해석은 종종 기존의 관념과 인식을 흐트러뜨려 헷갈리게 한다.

그러나 여태까지 신화는 상상력 넘치는 이야기꾼에 의해 살이 붙여져 재미를 더해왔다. '낯선 곳으로의 열정'은 까마득한 시간과 공간의 틈바구니에서 상상력의 나래를 마음껏 펼친다. 나도 그 머나먼 시공을 빌미 삼아 숟가락을 하나 얹어보았다. 전반부에 배치해야 할 아비뇽은 글의 성격상 맨 마지막으로 편집했다.

감초처럼 끼어든 통영과 부산은 언제든 갈 수 있는 '나만의 지중해'로 쉼표같이 들어갔다. 그렇지만 '동양의 나폴리'로 포장됐던 통영은 '오리지널 지중해'보다 더 매력적이다. 문화, 예술 등 어느 것 하나 빠지지 않는 팔방미인이다. 부산 역시 암울했던 젊은 시절 나를 포근히 감싸줬던 곳. 칠흑 같은 터널을 빠져나오게 한 계기를 주었고, 울분을 삭이고 새살을 돋게 해준 '내 마음의 분출구'였다. 게다가 야구광인 내 입장에선 한국 프로야구의 자궁 같은 역할을 해왔던 도시 중의 하나로, 사직 구장과 부산 갈매기 이야기를 쓴 계기가 된 곳이다.

오래된 시간 여행이고 개별적인 기억이다 보니 객관성과 시의성에서 구태의연하고 퀴퀴한 느낌이 들 수도 있겠다. 그러나 이 세상에 과거와 지금이 없는 미래는 장님 코끼리 만지기고 재미도 반감된다. 반세기에 가까운 기억은 모든 게 희미하다. 주변에 확인 과정을 거치며 사료도 뒤적여 오류를 줄이려 노력한 나날은 오래갔다.

전문가들이 볼 때 쓴웃음도 나오고 걸리는 부분도 분명 있을 것이다. 또 원체 낯선 지명이나 고유명사가 '천지삐까리'로 등장하다 보니 머리에 쥐가 나는 사람도 있을 것이다. 모두 초짜 작가의 치기 어린 글과 생뚱맞은 그림 때문에 빚어진 것이다. "무식하면 용감하다"는 말이 있다. 처음 써보는 책, 난생처음 그려본 그림 지도니 거칠 수밖에 없었다. 스스로 나이 들며 터득한 '늦둥이'의 책이라고 생각해주면 여간 고마운 게 아니겠다. 나이 들면 천연덕스럽게 부끄러움도 없어진다는 말이 맞긴 맞나 보다. "늦게 배운 도둑이 더 무섭다" 소리를 듣는 것이 지금으로선 더할 나위 없는 바람이다.

연금은 생을 다할 때까지 나오니 여행은 계속 생각해볼 수 있겠는데 문제는 체력과 자신감이다. 손발이 떨려 걷기도 여의치 않고, 눈이 침침해 운전대를 제대로 못 잡을 때까지, 계속 여행하고 쓰고 그려볼 생각이다.

나는 오늘 아침에도 꿈을 꾼다. 지중해의 또 다른 미지의 세계를 쓰기 위해 연금 통장을 만지작거릴 것이다. 그리고 남녘엔 점점 건

조해져가는 내 맘과 몸을 감싸주는 따스한 바람과 푸릇푸릇한 생명력이 나를 기다리고 있다. 오늘도 남도 땅을 탐방하기 위해 목포행 열차에 몸을 싣는다.

2016년 삼월 초하루, 봄을 기다리며

송영만

차례

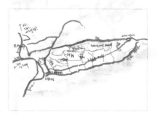

Sanremo, Italy

니스에서 산레모 가는
해안 절벽 길

위쪽으로 눈을 돌리면 알프스의 사나운 기세가,
바다로 눈을 돌리면 숨 막히는 코발트블루 해안이 펼쳐진다.

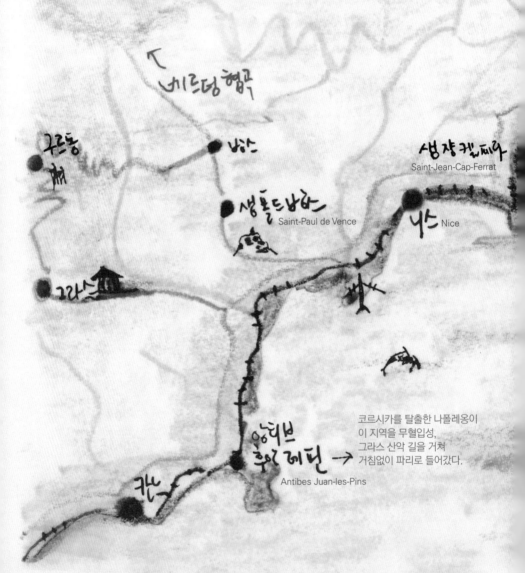

니르덩 협곡

구르동

방스

생장캅페라
Saint-Jean-Cap-Ferrat

생폴드방스
Saint-Paul de Vence

니스 Nice

그라스

앙티브
후안레핀 →
Antibes Juan-les-Pins

칸

코르시카를 탈출한 나폴레옹이
이 지역을 무혈입성,
그라스 산악 길을 거쳐
거침없이 파리로 들어갔다.

레몬 축제 때
온 도시가 노랗게 물든다.

이보다 더 아름다운 풍경을
과연 찾을 수 있을까!

벤티밀랴아
Ventimiglia

보르디헤라

므통 Menton

로크뷰르곳
Roquebrune

이탈리아 임페리아 주에 속한 도시로,
도시 전체가 붉은 색조로 늙었다.
유서 깊은 맛이 색다르다.

이즈
Éze

몬테카를로
모나코 Monte-Carlo

유럽 관광버스가 모두 모인 것 같은
삐까번쩍 카지노 도시.

해안 절벽에 솟은 고성이나 뛰어난 풍광으로
여행객들 발길이 끊이지 않는다.

CôTE DAZUR

산레모 Sanremo

아득한 시절의 에로스적 감성,
스멀스멀 솟아나다

아득한 기억은 살갑다. 그리고 아름답다.

반세기 전 까까머리 중학생 시절 처음 들었던 지명이 있었다. 산레모. 상상 속에서나 어렴풋이 존재했던 지중해변의 조그만 해안 도시에서 펼쳐졌던 산레모 가요제(Festival di Sanremo).

• 산레모에서 매년 1월 말이나 2월 초에 사흘 동안 열리는 가요제.

에즈 가는 벼랑에서 본 생 장 캅 페라
(Saint-Jean-Cap-Ferrat).

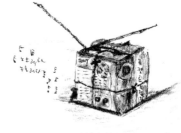

소년의 가슴은 저릿저릿했다. 이태 전
청초하고 수줍은 한 소녀가 부른 '논 호
레타(Non ho l'età)'가 칸초네* 축제에서 우승
했다. 그리고 유로비전 송 콘테스트에서도 그랑
프리를 차지해 세계 팝송 팬들을 후끈 달아오르게 했다.

누나들이 독차지했던 트랜지스터가 있다. 본체보다 두서너 배 커
다란 배터리를 등짝에 짊어져, 배보다 배꼽이 큰 우스꽝스런 모습이
었다. 그 신비의 오디오가 가족들을 안방에 오순도순 모이게 했다.
혀가 꼬부라지다 못해 방울 소리까지 나는 듯한 이태리 말은 무슨
뜻인지도 모른 채 그저 리듬에 맞춰 흥얼거렸다. '논 호 레타'가 '나
이도 어린데'를 뜻하는 건 나중에야 알았다.

풋풋한 16세 소녀, 질리오라 친케티(Gigliola Cinquetti, 1947~). '로미
오와 줄리엣'의 무대인 베로나에서 온 앳된 미성은 한창 사춘기에
접어든 소년을 단박에 사로잡았다. 흑백 TV도 귀하던 그 시절, 세상

* 오페라 아리아 같은 클래식을 제외하고 널리 대중이 애창하는 이탈
  리아의 노래.

마테오티 거리에 있는
아리스톤 극장에서 열린 산레모 가요제 실황.

산레모 다운 타운

을 담는 창은 라디오가 거의 유일했다.

이탈리아 산레모. 중등용 검인정 지리부도에는 표기도 안 된 이탈리아 북서부 리구리아 주의 해변 도시는 소년에겐 신기루 같은 꿈속의 세계였다. 라디오 전파를 통해 접했으니 로마나 밀라노 인근 도시로 착각했다. 한참 후에야 남프랑스와 국경을 맞대는, 모나코 왕국에 인접한 도시임을 알게 되었다. 지구의地球儀 반대편에 위치한 피안의 세계였다.

산레모가 한국인에게, 아니 나에게 현실 세계로 다가온 건 1971년이었다. 한 TV 방송국에서 산레모 가요제 실황을 녹화 방영한 것이다. 희미하게나마 도시의 풍광과 극장의 모습이 우리 눈앞에 나타났다. 우승곡 '마음은 집시'와 2등을 차지한 '케세라'가 공전의 히트를 치면서 누구나 칸초네를 흥얼댔다. 호세 펠리치아노(José Feliciano), 밀바(Milva)가 자주 무대에 섰던 산레모를 언젠가 가보리라 마음먹었다.

그런데 웬일, 30여 년 동안 산레모는 서서히 뇌리에서 사라졌다. 출장차 혹은 여행차 유럽에 들르는 일은 많았다. 그럼에도 산레모는 추억의 편린으로 가라앉은 채 내 기억 속에서 지워졌다. 아련한 추억들을 되새길 마음의 여유도 감성도 메마른 채 덕지덕지 나잇살만 늘어갔다. 젊은 날 애틋하게 들었던 노래들을 일일이 소환하여 들을 만큼 부지런하지도 않았다. 천성이 게으른 나 같은 사람에게 그런 호사는 애당초 찾아오지도 않았다.

불쑥 찾아오는 감성의 파편들은 종종 선물이 되고 뜻밖의 행운이 된다. 60, 70년대 팝송 모음이 친구가 보내준 카톡에 실려 왔다. 마치 멋진 마블링의 등심을 저며 한 점 한 점 먹는 것처럼 연도별로 한 꺼풀 한 꺼풀 들춰가며 듣는 그때 그 시절 그 노래가 달콤하다.

나이 들어 즐기는 젊은 날의 리듬은 마치 새살이 돋아나는 것처럼 새로운 감흥을 불러온다. 1964년의 산레모가 깊은 암실에서 나와 인화되고 있었다. 일찌감치 수장고로 사라졌던 질리오라 친케티의 빛바랜 수묵화가 청아한 연꽃으로 다시 피어나고 있었다. 한 사람을 동여맸던 강한 자장은 일순간 계기를 맞아 새롭게 복원된다. 그 회복력은 경륜과 세월의 힘을 더해 한층 묵직한 에스프리(esprit)로 다가온다. 가끔 문명의 이기는 예기치 못한 아름다움을 복기해준다.

산레모의 아리스톤(Ariston) 극장 앞. 나는 지금 그 에로스적 현장에 와 있다. 러시아 정교회 성당이 도시 곳곳에 산재해 있어 모스크바 스타일이 물씬하다. 이 조그만 휴양 도시를 사랑했던 러시아의 한 여왕은 스스로 야자수도 심었다. 다이너마이트로 엄청난 부를 쌓고 유럽을 전화(戰禍)로 찌들게 한 알프레드 노벨은 생의 마지막 5년을 이곳에서 보냈다. 북쪽 사람들이 따뜻한 지중해를 얼마나 그렸으면 하고 짐작할 뿐이다.

전쟁으로 피폐하고 찌든 어촌 마을에 생기를 불어넣기 위해 가요제를 열기 시작했으나 뜻밖에 카지노가 번창했다. 올리브 나무와 야자수가 무성한 산레모는 리비에라 해변의 창광한 아름다움으로 관광객의 발길이 끊이지 않는다. 지중해 여행의 일상적 풍경이다.

니스에서 자동차를 몰아 코트다쥐르(Côte d'Azur)* 해변의 천혜 절벽을 넘을 때도, 형형색색의 들뜬 관광버스로 왁자하고 화려한 몬테카를로(Monte-Carlo)와 숨 막히게 빛나는 망통(Menton) 해변을 미끄러질 때도 내 가슴은 경중거렸다. 영화 〈시실리안〉에서 알랭 들롱이

• 프랑스 남부 마르세유에서 이탈리아 국경에 이르는 해안 지역으로, 알프스 절벽과 지중해가 만나 빛나는 아름다움을 자아낸다.

프랑스, 이탈리아 국경 체크포인트.
멀리 망통이 보인다.

도피차 숨어든 망통 갯바위도 나타났다 이내 사라진다. 나의 사춘기와 청년기를 휘감고 결박했던 산레모로 가는 길은 부표를 타고 떠가듯 몽환적이다.

국경 체크포인트 양편이 극명히 대비된다. 화사한 코트다쥐르의 프랑스적 정갈함과는 확연히 다른, 허술하고 낡은 국경 도시 벤티미글리아(Ventimiglia)로 들어선다.

도로 한복판을 전기 버스가 덜커덩거리며 다가온다. 산레모에서 출발해 이웃 보르드리에라(Bordighera)를 거쳐 왔다. 길 위의 전선이 연륜을 말해준다. 상가는 어둑신했지만 소담스럽고 정겹다. 니콜라 디 바리와 밀바의 노래를 벙긋거리며 달리는 차창 밖 풍경도 내 마음을 닮아 살갑다. 임페리아(Imperia) 지방 옛 도시답게 건물들에는 켜켜이 세월의 흔적이 묻어 있다. 왼쪽 차창으로 보이는 산들이 예사롭지 않다. 알프스에서 뻗어 내려온 산악이다. 조각의 나라답게 늙은 바위들이 들쑥날쑥이고 해변은 거무죽죽 척박하다. 쇠락한 붉은 색 벽돌집들이 옹기

산레모의 옛 버스 터미널. 지금은 휴게소가 있다.

종기 어깨를 맞대고 있다. 쓰러질 듯 거칠지만 이태리답다. 국경 너머 망통의 말쑥한 리조트, 찬란한 해변과는 사뭇 다르다.

'현다이 마트릭스'가 반갑다. 서울에서 제법 보이다가 단종됐는지 좀처럼 찾기 힘든 라비타가 자동차 디자인 왕국에서 떡하니 임페리아 현 번호판을 달고 있으니 이채롭다. 안개가 자주 끼는 유럽에서 달리는 차라 그런지 후미에 안개 등도 보인다. 왼쪽 애꾸눈이다. 브레이크 등과 차별하려고 비대칭이란다. 재미있다. 라비타는 페라리를 디자인한 세계적 자동차 디자이너 피닌 파리나(Pinin Farina)의 작품이다.

나는 지금 산레모 지아코모 패션가 초입에 위치한 아리스톤 극장 주변을 몇 바퀴째 서성이고 있다. 인근 산레모 역 광장에 볼거리 먹을거리가 한 집 건너다. 타는 목을 적시는 젤라토는 꿈결같이 달콤하다.

수다 떠는 택시 기사들도 패셔너블하다. 새삼 이탈리아에 왔다는 사실을 깨닫는다. 부티크 상점 앞의 화강암 거리 의자에 앉은 아저

산레모와 칸초네를 세상에 각인시켰던 아리스톤 극장. 마테오티 거리 한편에서 옛 영광을 되새기며 조용히 숨죽이고 있다.

씨, 아줌마 패션이 이채롭다. 어깨에 걸친 카디건 위에 가방을 가로질렀다. 소소한 지혜다. 아리스톤 극장 가는 길을 알려준 여경의 제복도 멋있었다. 이탈리아 사람들은 참 폼생폼사인가 보다. 전쟁터에 나가도 일단 구두부터 닦고 총을 든다는 얘기가 있을 정도로 외모에 신경 쓴단다. 장례식의 의장 군인이 모자에 공작 깃이 장식되지 않으면 한 발짝도 움직이지 않는다는 믿지 못할 얘기도 있다. 패션의 나라답다.

마테오티 사거리에서 독일서 온 김나지움(Gymnasium, 독일의 인문계 중등 교육기관) 학생들을 만났다. 우리나라로 치면 딱 중학교 1, 2학년이다. 산레모 가요제를 알기나 할까? 산레모에 왜 왔냐고 물으니 수학여행 왔다고 한다. 때마침 부는 지중해풍을 닮아 건조하니 절도 있게 끊어지는 영어 발음이 명쾌했다. 뮌헨에서 5시간 동안 기차 타고 알프스를 넘으면 산레모다. 나는 이곳까지 오는 데 50년이 걸렸다. '나의 산레모'는 저 독일 학생들의 로고스적 산레모와 다르다. 달나라만큼이나 아득하고 유토피아적이다.

카디건 위에 가방을 가로지른 지혜.

중학교 3학년 때 속리산으로 수학여행을 갔다. 법주사 초입의 숙박 단지에 자리한 '수정 여관'이 숙소였다. 지금 같은 유스호스텔이나 콘도는 꿈도 못 꾸던 시절, 탁구장만 한 큰 방에서 대충 포개져 잤던 것과 무명 교복 차림으로 문장대까지 올랐던 기억이 아련하다.

그런 중에도 나에게 '문화 충격'을 준 한 장면이 선명히 떠오른다. 장기 자랑을 벌인 여관 앞마당에서 한 친구가 야외 전축(일명 야전) 사이를 신출귀몰하듯 누비며 흔들어댔다. 벤 E. 킹(Ben E. King)의 '스탠드 바이 미(Stand by Me),' 그 영혼의 리듬을 잊지 못한다. 그날 밤 나팔바지 차림으로 애절한 보컬에 맞춰 무아지경으로 춤을 추던 춤 천재의 모습은 어수룩한 나에겐 또 다른 신세계였다. 벤 E. 킹은 얼마 전 세상을 떴는데 그 친구는 서른을 갓 넘기고 요절했다. 지금도 그 노래를 들을 때면 그 친구의 춤사위가 생각난다. 여러모로 산레모는 나에게 팝의 근원이 샘물처럼 솟아나는 감성의 진앙지이다.

이탈리아에 왔으니 산레모에서 가장 잘한다는 피자집에서 점심을

바닷가 유적 아래 '카페 콜렛'의 자태가 멋지다.

아리스톤 극장에서 서쪽으로 본
마테오티 패션 거리.

먹고 싶었다. '메디테라네오(Mediteraneo)'라는 가게를 찾았다. 말 그대로 지중해 피자집이었다. 아까 만난 독일 중학생들이 선생님들과 자리를 잡고 앉아 있었다. 독일 사람들 아니랄까 봐 선생님도 학생들도 질서 정연했다. 혹시나 해서 '비더 제에엔(Wieder Sehen, 또 만나자)' 하고 헤어졌는데, 정말 또 만났다. 한 학생이 반갑다고 눈인사를 보내온다.

꿈속을 헤매다 다시 현실로 돌아온다. 다음 행선지인 망통 옆 로크브륀 곳으로 차를 몬다. 지중해의 석양은 눈을 멀게 할 만큼 강렬하다. 선글라스를 집어 든다. 코트다쥐르의 파도 포말이 유난히도 빛나고 있었다.

L'Isle – sur – la – Sorgue, France

보클뤼즈와
    루베롱 사이의
    프로방스 마을들

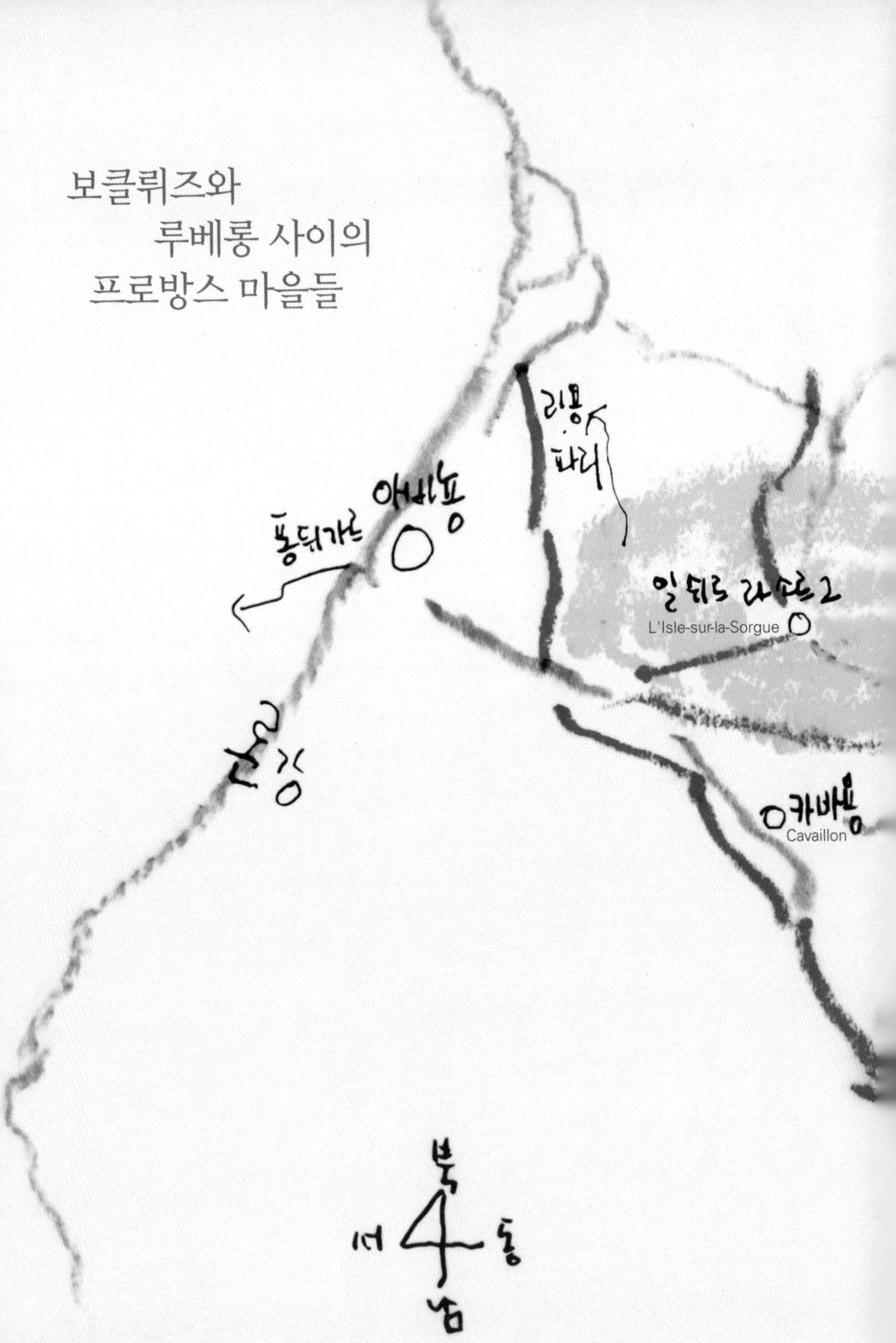

리퐁스
파리

퐁뒈가르   아비뇽
           ○

일뒤로 라쏘트2
L'Isle-sur-la-Sorgue ○

론강

○카바뇽
 Cavaillon

북
서 4 동
남

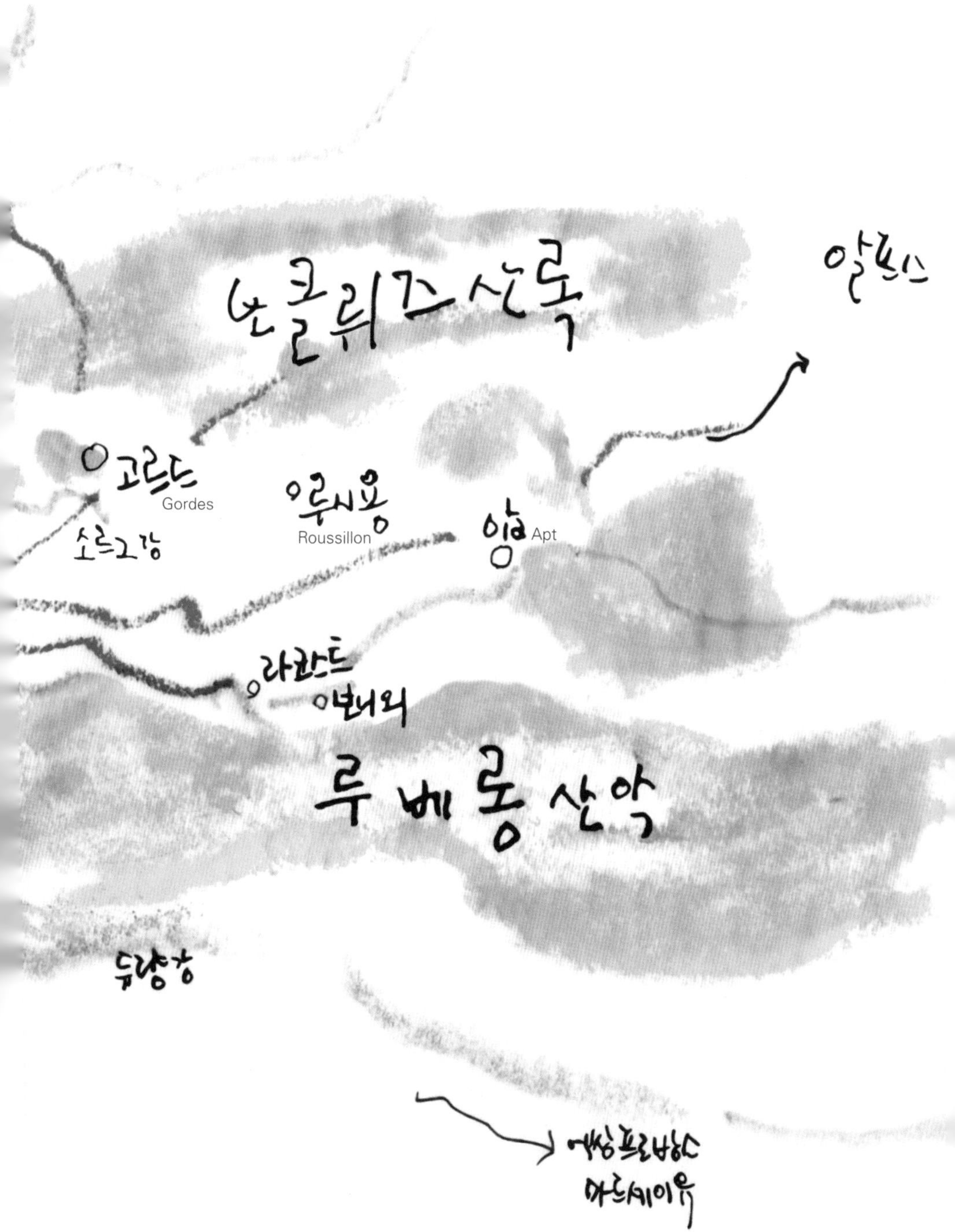

논클뤼즈 산록

앙본느

고르드
Gordes

루시용
Roussillon

소르그강

앙
Apt

라콩트
베뢰

루 베 롱 산악

뒤랑강

엑상프로방스
마르세이유

일 쉬르 라 소르그

L'Isle-sur-la-Sorgue

아름다운 천변 풍경,
유년의 실개천은 어디로

햇살이 퍼지기 시작하는 이른 아침, 일 쉬르 라 소르그의 골목 상가
에 주말 벼룩시장이 펼쳐졌다. 정오만 되어도 얼추 물건이 팔려 나
가므로 개장 시간이 이르다. 기존 시장통은 루베롱(luberon) 산록에서
소출되는 모든 농산물이 모여들었다. 세상의 모든 빛깔과 원초적 생
명력의 경연장 같다. 금방 따온 여린 잎이 수줍은 듯 얼굴을 내민다.
창백한 색깔의 나무 좌판 위 샐러드가 눈부시다. 화사함을 넘어 순

이글대는 태양만큼 뻘건 루시용의 골목 풍경.

루시용, 온세상이 버-연 것다

수하다. 섣불리 요리하는 게 민망할 수도 있겠다는 생각을 해본다.

올 봄 성묘 갔다 들른 옥천역 앞의 오일장이 겹친다. 내 고향에서 본 온갖 나물보다 색이 훨씬 밝다. 햇볕이 다른 게다. 사계절 온화한 기후와 명징한 햇살은 빛깔을 달리 만들었다. 먹판에 휙 흘려 쓴 야채 이름은 낯선 도시 이름만큼이나 어렵다. 얼갈이, 홍당무, 순무와 닮았다. 인근 고르드 고원의 내리쬐는 햇빛만 먹었는지, 언덕 너머 루시용의 붉은 흙에서 자랐는지 야생적 원색이다. 생김새도 늘씬하다. 지중해의 태양은 바다를 진남색으로 물들이더니 프로방스의 들판에 풍만함을 펼쳐냈다. 햇빛을 가리는 벙거지가 억지스러워 가방에 욱여넣는다. 그냥 주말 장터를 걷는 것만으로도 행복하다.

나는 평소 행복이란 단어를 가급적 쓰지 않지만 오늘만큼은 상투적인 언사도 뇌까린다. 행과 불행은 끊임없이 뒤섞여 있다. 길흉은 간단없이 교차한다. 그래도 여행에는 현재만 존재할 뿐이다. 어제 들른 루시용의 '카르페 디엠 레스토랑'에서 즐긴 점심은 꿀맛이었다.

루시용의 레스토랑 '카르페 디엠'
성수기에는 여간해서 빈자리가 없다. 마을 중앙에 자리 잡아 시뻘건 마을 색을 여행객들에게 입히며 태양 아래 빛나고 있다.

카르페 디엠(Carpe diem), 지금 이 순간을 즐겨라.

유럽은 어딜 가나 광장이다. 샛길로 잘못 들어서도 곧 큼지막한 광장이 나타난다. 신호등은 되도록 절제하는 대신 로터리가 자주 나타난다. 길을 잘못 들었으면 다시 한 바퀴 돌면 된다. 광장과 로터리, 일란성 쌍둥이 같다. 그 광장엔 어김없이 카페가 있고, 갤러리와 기념품 가게가 어깨를 맞댄다. 사람들이 모이는 곳이니 예전엔 영화관까지 있었다. 영화 〈시네마 천국〉에선 광장의 한쪽 벽이 아예 스크린이됐다. 발 구르고 박장대소하며 일상의 권태와 무료함을 해소한다. 광장은 마을의 모든 문화, 여가의 장이었고 토론과 시위의 분출구였다.

프랑스 혁명보다 더 늙은 플라타너스가 켜켜한 세월의 연륜을 말해준다. 12세기부터 '소르그 강 위의 섬'이란 뜻의 일 쉬르 라 소르그에 사람들이 모여들었다. 광장은 그렇게 만들어졌다. 평화로운 이 마을에도 격동의 시대는 비켜 가지 않았다. 혁명의 회오리가 지나간 그 후 반동의 시대인 로베스 피에르의 공포정치가, 비스마르크와 히틀러의 광풍이 이 궁벽한 시골에 몰아쳤다. 광장은 들썩들썩했고 군중은 질풍노도처럼 이리저리 휩쓸렸다.

이 마을 출신인 프랑스 초현실주의 시인 르네 샤르(Rene Char, 1907~1988)는 제2차 세계대전 당시 고향을 지키려고 레지스탕스에 적극 참여했다. 어떻게든 포화로부터 이 마을을 보호하려고 온갖 애를 썼다. 이 도시는 그렇게 어언 천 년을 버텨왔다. 광장 옆 물레방아가 한가로이 도는 강 위에선 물오리가 연신 자맥질을 하고 있다.

34

오래된 도시에는 벼룩시장이 자연스레 형성된다. 프로방스의 천혜 기후는 넉넉함을 선사했다. 전통은 앤티크를 낳았고 멋진 여유와 풍광은 내방객을 불러들였다. 지난 한 세기 만에 파리의 생 투앙(Saint-Ouen) 벼룩시장과 함께 프랑스를 대표하는 명성을 누리고 있다. 아날로그적 분위기가 짙게 배어 있는 시장 광장에도 첨단 IT 기기를 진열한 인터넷 가게가 눈에 띈다. 다리 위 엘피판 가판대에

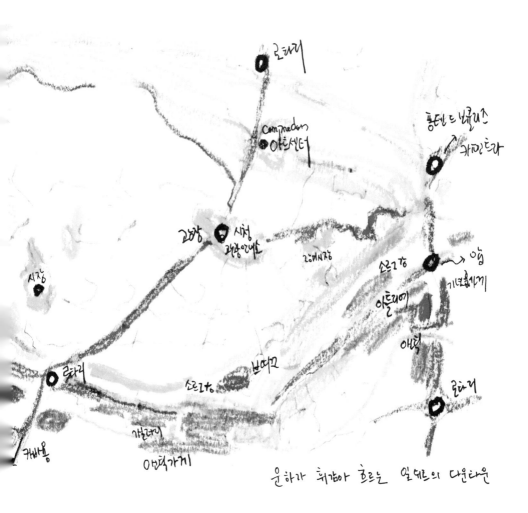

은하가 휘감아 흐르는 일데르의 다운타운

선 이브 몽탕(Yves Montand, 1921~1991)의 '고엽'과 에디트 피아프(Edith Piaf, 1915~1963)의 '라비 앙 로즈'가 연이어 흘러나온다.

바로 옆 좌판에서 벌, 나비, 매미 들이 붕붕거린다. 딱따구리는 연신 나뭇등걸을 쪼고 잠자리는 큰 원을 그리며 공중 부양 중이다. 형형색색의 목각 공예품은 이곳이 프로방스 시장통이라는 것을 보여준다. 오감을 자극하는 빛의 축제이고 원색의 향연이다. 이른 아침의 햇살을 놓칠세라 선글라스 낀 사람들이 손에 꼽힌다. 눈, 코, 귀, 입이 총동원된 그야말로 공감각의 전시장이다. 주말마다 프로방스 사람들이 수다 떠는 시장 스킨십의 현장이다. 고서도 옛 지도도 반투명 차양 아래 해바라기 중이다. 옛것에 엷은 햇볕을 쬐어 새 주인에게 다가가게 하는 것, 시장통의 법고창신法古創新•이다.

이런 벼룩시장에서 나는 여행 기념으로 가끔 옛 지도를 산다. 1892년에 제작된 보클뤼즈(Vauclause) 주 지도를 큰맘 먹고 구입한다. 마음씨 좋아 보이는 주인은 첫 손님에 현찰을 받으니 싱글벙글이다. 마수걸이는 서양에서도 좋은가 보다. 물레방아 뒤 하늘에 구름 한

• 옛것을 본받아 새로운 것을 창조하다. 옛것에 토대를 두되 그것을 변화시킬 줄 알고 새것을 만들어가되 근본을 잃지 않아야 한다는 뜻.

골동품 가게 서른 개가 옹기종기 정겹게 모여 있다.

점 없다. 창공이다. 빛이 난분분하니 세상이 먹먹해져 선글라스를 낀
다. 프로방스 사람들은 어지간해선 그냥 한낮의 태양을 즐긴다.

'프로방스의 베니스'란 별칭으로 불리는 일 쉬르 라 소르그 시가지
를 운하가 에둘러 나간다. 도심 한복판을 숨소리조차 내지 않고 흐르
는 운하가 다리 밑을 비단결같이 미끄러진다. 그 도랑 난간에 들러붙
은 야외 카페에서 에스프레소 한 잔을 즐긴다. 크레이프 포장마차가
앙증맞다. 벼룩시장 상인들이 몰고 온 캠핑카 모습의 차가 장난감 열
차 같다. 슬그머니 내려앉는 단풍에 떨어지는 정오의 프로방스 태양
을 받아 강변 풍경이 평화롭다. 온 세상의 축복을 다 받은 듯한 풍경
이다. 일행의 카메라 앞에서 흔쾌히 포즈를 취한다. 포만감이 몰려온
다. 이곳에 안 왔다면 얼마나 후회했을까! 감성은 때론 낯간지럽다.
물 밑의 조약돌과 수초가 훤히 보인다. 유리 덮개를 깐 듯 무중력의
투명이다. 따사로운 햇빛에 슬그머니 눈이 감긴다. 옛날로 돌아간다.

유리를 깐 듯한 운하와 천변 카페, 앤티크 밴들이 마치 열차 같다.

어릴 적 천변 풍경, 이제는 아슴아슴하다. 아득함은 그리움의 대상일 뿐 꿈속에서나 존재한다. 나의 유소년 시절은 선명히 세 군데로 기억된다. 대전 보문산 밑 대사동大寺洞의 보문천변은 내 정서의 발원지였다. 여름엔 버들치, 모래무지, 송사리 등이 어설픈 망태질에도 지천으로 잡혀 손으로 쌓은 나만의 모래 성채에 담겼다. 그 가운데 하얀 고무신은 소담한 어항이 된다. 비 온 뒤엔 제법 삼태기가 묵직하다. 그 냇가가 겨울엔 멋진 썰매장으로 변신했다. 밥 익는 냄새가 날 때까지 얼음을 지쳤다.

여름방학이면 찾았던 선산이 있는 옥천沃川 교동 마을은 산과 들, 실개천의 바람이 대전 보문산과 달랐다. 정지용(鄭芝溶, 1902~1950?) 시인의 「향수」의 무대, 바로 그 마을이었다. 나의 할아버지와 지용 시인은 죽향초등학교 죽마고우로, 경성으로 같이 유학을 떠났던 이웃이었다. 실개천에 얼룩빼기 황소가 게으른 울음을 울어대곤 했던, 정지용 시인의 모더니즘 물씬한 시 세계의 뿌리였던 곳이다.

1963년 초등학교 4학년 한 학기를 마치고 상경한 정릉천변은 멱 감고 물장구 치던 내 마음의 수원지였다. 숭덕초등학교 교가 두 번

물레방아는 언제부터 돌았는지 고색창연한 색조를 띠었지만, 투명한 운하에 악센트를 줄 만큼 멋진 풍광을 보여준다.

옥천 구읍의 정지용 생가.

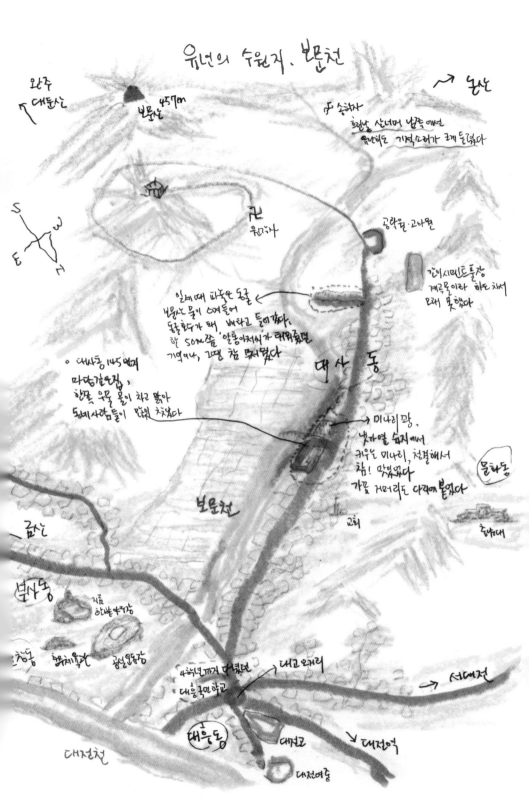

유년의 수원지 · 보문천

완주
대둔산 →

보문산 457m

↗ 논산

소류지

환남 산너머 남쪽 에선
유난히도 기적소리가 크게 들렸다

권
유마사

공락원·고아원

간이시멘트풀장
계곡물 이라 하도 차서
오래 못했다

일제때 파놓은 동굴
보문산 물이 스며들어
동굴 혹자가 돼, 배타고 들어갔다.
한 50까지쯤 '안동어쩌서'가 터져줬던
기억이나, 그땐 참 무서웠다

○ 대사동, 145 번지
마당깊은집,
한쪽 우물 물이 차고 많아
동네사람들이 많이 쳐갔다

대 사 동

→ 미나리 꽝,
냇가옆 늪지 에서
키우는 미나리, 천렵해서
참! 맛있었다
가끔 거머리도 다리에 붙었다

물한동

보문천

고개

촉석대

금산
↖

보사동

지금
하빨약수장

창동

무제속구적

공설운동장

4학년까지 다녔던
대흥 국민학교

→ 대고오거리

→ 서대전

대흥동

대고

↘ 대전역

대전천

대전여중

실개천이 있던 옥천 구읍 향교마을

N
W
E
S

마성산

보은·속리산

수리조합·저수지
~해방전에는 없었다

정지용 시인
...태어나서 자란... 멱감던곳

어머니 시장가고
동네 아낙들과 빨래 하던곳

사마소

대천

할아버지
아버지 살던집

율봉수 생가

향교

국민학교

우체국

마을 팽나무

어부 황선장

춘향교

정지용생가

넓은벌 동쪽끝

열두배미 황소가
해설피 금빛
게으른 울음을 울고

아버지 밥가게

죽향 숨든 팔개

옥천역·영동

50m

느티나무 대청댐 수몰지점
밤나물어 마을

째 소절은 이렇게 시작된다. '골골마다 맑은 물은 천연의 수도…….' 지금의 국민대 앞 배밭골과 보현봉 아래 청수장에서 내려오는 물은 숭덕초교 앞에 은빛 모래사장을 번쩍이게 했다. '엄마야 누나야 강변 살자' 하던 바로 그 풍경과 비슷했다.

보문산 밑 내 마음의 실개천은 없어졌다. 이젠 휑한 왕복 4차선 아스팔트 길이 거침없다. 천변 미나리꽝도 내가 살던 집도 사라졌다. 어머니가 이웃과 수다 떨며 빨래하던 옥천의 그 실개천도 사라졌다. 작위적인 석축 구조물이 옛날을 재생하려 하고 있으나 잡초만 무성한 채 서너 마리 오리들이 주둥이를 시궁창에 박은 채 '꽥꽥' 소리만 낸다. 정지용 생가 옆 청석교 밑으로 흐르는 도랑이 '옛 이야기 지즐대는' 실개천이었음을 안내판이 얘기할 뿐이다.

가끔 내부순환도로로 차를 몬다. 북악 기슭, 삼각산 중턱에서 뻗은 야산, 천편일률적으로 찍어낸 듯 골골마다 솟은 아파트 숲이 키 높이 경쟁을 한다. 그 가운데로 왕복 6차선의 거대한 고가도로가 가로지른다. 우악스런 효율 만능의 구조물은 그 아름답던 정릉천을 덮고 사위를 압도한다. 하늘이라도 볼 양이면 고개를 뒤로 젖혀야 하는 아파트 분지다. 몇 년 전까지만 해도 청계천 위를 날던 고가도로, 딱 그 모습이다. '첩첩한 푸른 숲은 북한의 영맥', '골골마다 맑은 물은 천연의 수도'. 그 멋진 초등학교 교가를 사랑스런 후배들은 지금도 자랑스레 부르고 있을까.

그렇게 하여 내 고향의 실개천들은 하나씩 하나씩 잊혀져갔다. '하늘의 성근 별'도 '흐릿한 불빛에 돌아앉아서 도란도란' 이야기하던 질화로도 멀어졌을 뿐이다. 그러나 그곳이 차마 꿈엔들 잊힐 리야.

　태양이 정수리에 내리쬔다. 정오를 넘어섰다. 왁자하던 천변과 시장통에 발길이 뜸해진다. 웬일일까? 금방 알아챘다. 여기는 프랑스고 그것도 프로방스의 중심이라는 것을. 마냥 여유롭게 점심을 즐기는 사람들로 천변 카페와 레스토랑에 빈자리가 없다. 골동품 가게 여남은 개를 지나친다. 중세부터 근검절약 정신으로 시작된 벼룩시장과 달리 골동품 가게는 가격이 예사롭지 않다. 제2차 세계대전 후 본격적으로 번창하기 시작했다는 골동품 애호가들이 이 지역에만 수백 명 활동한단다. 눈요기가 쏠쏠하다. 중세, 르네상스, 근현대에 이르기까지 온갖 진귀한 물건이 주인을 기다린다. 그러나 우리 정서와 맞지 않는 골동품 천지다. 동양에서 온 관광객들에겐 해왕성만큼이나 낯설다.

　유독 사람들로 붐비는 레스토랑 앞에서 발길이 멈췄다. 감자튀김

십여 분 기다리자 겨우 자리가 난 레스토랑.

이 보기에도 먹음직스럽고 탐스럽다. 감자튀김과 함께 나오는 야채 샐러드 햄버거가 유명하기에 항상 자리가 없단다. 한참을 기다린 후 옆자리서 먹는 것을 힐끗 보며 주문했다. 메뉴판에 영어 표기는 아예 안 되어 있다. 시골에 들어올수록 불어에 대한 자존심이 센가 보다. 그렇지만 조금 전 골동품 가게는 사정이 달랐다. 다들 영어가 유창했다. 목마른 사람이 먼저 샘을 파는 법이다.

푸짐한 감자튀김, 넉넉한 프로방스답다. 부족과 허기는 금세 포만감으로 차오른다. 또 과욕을 부렸다. 나 같은 장년의 한국인은 결핍이란 단어가 낯설지 않다. 결핍은 대개 과잉으로 치닫는다. 어쨌든 생각지 않은 풍요와 충족에 그저 감사한다.

천 년 고도 물 위의 도시 일 쉬르 라 소르그. 옛것을 아끼면서 매일매일 여유롭게 살아가는 프로방스 사람들이 보기 좋았다.

정오를 넘기자마자 돌연 파장 분위기다.

Saint–Rémy–de–Provence, France

리옹
파리

오랑쥬 Orange

생 레미까지 내려간
프로방스

카펜트라
Carpentras

아비뇽

가비용
Cavaillon

론강

생 레미 드 프로방스
Saint-Rémy-de-Provence

아를

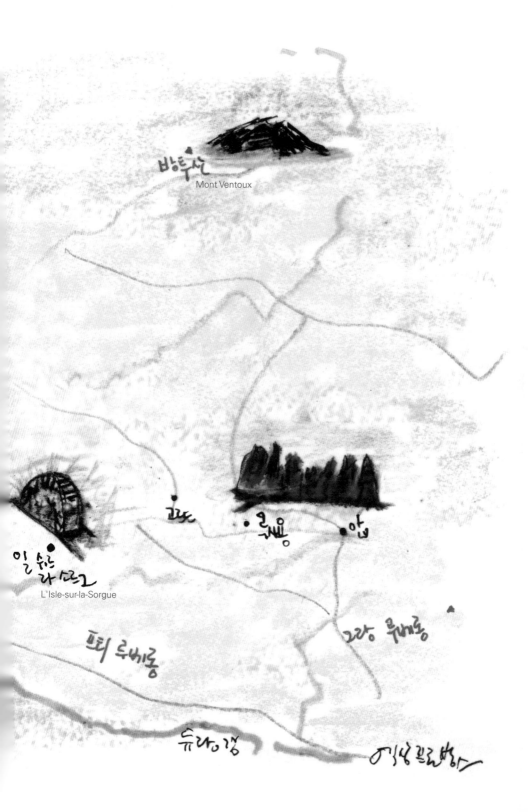

방투산
Mont Ventoux

일 쉬르
라 소르그
L'Isle-sur-la-Sorgue

고르

루씨옹

압

프티 루베롱

그랑 루베롱

뒤랑스 강

엑상 프로방스

생 레미 드 프로방스
Saint–Rémy–de–Provence

생 레미 점심 모양원 암주
남녀락에 붙어있는 라벤더 들판

흐린 날 고흐를 만났다
그리고 가슴 시린 삼십 대의 나도 만났다

아비뇽 호텔을 떠나 생 레미 드 프로방스로 가는 길, 공기가 무겁게
가라앉아 있다. 이른 아침 아비뇽 테제베(TGV) 역에서 헤어진 친구
내외와의 이별 탓도 있을 게다. 안개비인지 는개*인지 차창을 따라
방울방울 내려온다. 와이퍼가 단속적으로 움직인다. 정오가 다가오

• 안개비보다는 조금 굵고 이슬비보다는 가는 비.

48

면서 짙은 새벽안개 사이로 해님이 윤곽을 드러내기 마련인데 마치 북유럽 날씨 같다.

하긴 프로방스 날씨는 이따금씩 매서운 심술을 부린다. 겨울 알프스 협곡에서 내려오는 강한 북풍인 미스트랄(mistral)은 요즘 시도 때도 없이 출몰한다. 그 기미만 보여도 날씨는 불순하다. 고흐가 제 귀를 댕강 자르고 생 레미의 요양 병원으로 들어서던 그날도 아마 비슷한 날씨가 아니었을까.

안개비에 젖은 팻말로 몇 번을 잘못 든 길, 헤매고 헤매다 겨우 시내 중심가의 공용 주차장을 찾았다. 동전 넣는 스탠드도 조형미는 뛰어나건만 기능은 허술하다. 평일의 흐린 오전, 차도 없고 사람도 없다. 빛바랜 플라타너스 잎이 추레하게 붙어 있다. 키는 멀대 같이 솟았지만 쇠잔하다. 고흐가 혼미한 걸음걸이로 이곳을 찾았을 때도 저 고목은 늙었을 것이다.

관광 안내소에서 생 레미 드 프로방스 지도를 챙겼다. 이 마을을 찾는 사람은 거의 고흐의 흔적을 찾으러 온 탐방객들이다. 묻는 말이 채 끝나기도 전에 요양원 가는 길을 데면데면한 표정으로 가리킨

고흐를 만나기에 딱 어울리는 우중충한 날씨. 입구부터 쇠잔한 분위기다.

다. 옅어진 공기 사이를 비집고 떨어지는 햇살이 반갑다. 언덕길을
오르는 발걸음이 경쾌해진다.

　　사실 나는 팝송으로 고흐를 처음 접했다. 푸릇한 청춘 내내 회화
에 관한 한 문외한이었고 관심도 없이 메마르게 지냈다. 70년대 중
반, 휴강과 속강이 아슬아슬 이어지던 학교 수업이 끝나면 학구파는
어김없이 도서관에 코를 박았다. 나같이 우왕좌왕하는 친구들 중 일
부는 당구장이나 서클 룸에서 시간을 죽이고 있었다. 오후에는 허전
함을 달래고 뒤풀이도 할 겸 뒷골목 선술집을 서성였다. 시국에 대
한 비분강개도, 자조 섞인 한탄도 뇌까리던 이념적인 시절이었다.
　　날이 이슥해지면 무슨 자장에 끌려서인지 '왕자 다방'으로 꾸역꾸
역 몰려들었다. 연세대 앞의 독수리 다방과 함께 신촌 지역 양대 '젊
은이의 음지'였던 왕자 다방은 당시만 해도 개똥폼 잡으며 웨스턴
스타일을 동경하는 친구들의 꿀단지가 숨겨진 곳이었다. 세련된 풍
모의 디스크자키와 중후한 고품격의 오디오가 있으니 팝송깨나 들
을 줄 아는 친구들의 아지트였다.
　　거기서 허벌나게 듣던 음악이 있었다. 미국의 싱어송라이터 돈 맥
클린(Don Mclean, 1945~)의 '빈센트(Vincent)'였다. 'starry, starry night'
으로 시작하는 가사가 고흐의 '별이 빛나는 밤'을 말하는 것인 줄도
몰랐고, 노래 속에 그 유명한 '자화상'과 '해바라기'가 숨어 있었던

것도 모른 채 그냥 흥얼거렸다.

영어 울렁증에 시달렸던 시절, '서당 개 삼년'이라 했던가. 갔다 하면 한두 시간씩 죽치다 보니 가사가 슬그머니 귀에 들어왔다. 그러나 무의식 속에 얹히는 언어는 진실성과는 거리가 멀었다. 그림에 애틋함도 관심도 적었던 시절이었으니, 빈센트는 한 애수 어린 싱어송라이터의 읊조림으로 다가왔을 뿐이다. 삼십 대 초반에야 서양미술사 책을 뒤적이면서 '귀 자른 고흐'가 다가왔던 것이다.

이제 난 알아요.

당신이 나에게 하려 했던 말을.

정신을 차리기 위해 당신이 얼마나 힘들었는지,

그들로부터 자유로워지려고 얼마나 애썼는지.

그들은 듣지 않았어요. 어떻게 듣는지도 모르죠.

아마 이제는 들을 거예요.

별이 빛나는 밤,

환하게 불타오르는 꽃들과

보랏빛 안개 속에서 소용돌이치는 구름은

빈센트의 푸른 눈에 비쳐요.

황금빛 곡식의 아침 들판과

고통에 풍화된 주름진 얼굴을

화가의 사랑스런 손길이 달래주네요.

– 돈 맥클린, '빈센트' 가사 중

'붉은 머리의 광인' 고흐(Vincent van Gogh, 1853~1890)도 스무 살 전후 청년기엔 종교적이고 관념적인 가치에 젖어 있었다. 네덜란드의 독실한 기독교 집안에서 태어난 고흐. 가풍으로 이어진 교직 생활과

목회 활동이 이를 말해준다. 어떤 미치광이도 처음부터 정신병적 증세를 보인 것은 아니다.

파리나 암스테르담 등 대도시에서 신망받는 화상이었던 동생 테오의 존재는 고흐에게 새로운 전기를 마련한다. 상대적으로 현실적이었던 테오는 예술적 감흥이 충만했던 고흐에게 경제적 후견인 역할을 한다. 테오는 생활비도 대주었고 병약한 고흐에게 큰 위안이 될 만큼 형 같은 동생이었다. 브뤼셀 왕립미술아카데미에서 본격 미술 수업을 받게 된 것도 테오 덕분이다. 초기에는 주로 칙칙하고 어두운 색조로 농촌 생활상을 그렸고 적나라하게 묘사된 관념적인 작품이 주를 이루었다. 초기 주요 작품 중의 하나 '감자 먹는 사람들'은 이러한 세계를 명쾌히 보여준다.

고흐도 파리의 몽마르트르 언덕을 오르내린다. 거기서 툴루즈 로트레크, 카미유 피사로, 에밀 베르나르 등과 어울려 밤늦도록 술추렴

감자 먹는 사람들, 1885

탕기 영감의 초상, 1887

도 하면서 친교를 이어간다. 말다툼 끝에 싸움질도 한다. 어쨌든 이때 고흐는 인상주의나 후기 인상주의에 푹 빠져든다. 특히 자포니즘(Japonism)에 심취하고 일본 목판화에도 큰 관심을 갖는다. '탕기 영감의 초상'이 이를 말해준다. 이때까지는 세기말의 화가들이 그랬던 것처럼 벨 에포크의 터질 듯한 감성과 열정이 유럽을 물들였다.

일본에 빠진 것은 고흐뿐만이 아니었다. 당시 유럽은 새로운 것에 대한 욕구로 들끓고 있었다. 보불 전쟁이 끝나고 풍요롭고 난만한 예술 세계가 넘쳐났다. 동양의 섬나라에서 스며든 화풍은 신선한 충격이었다. 1867년 파리 만국박람회에서도 이미 자포니즘은 열풍을 일으켰다. 고흐는 일본 판화의 치밀한 묘사와 사실적인 터치에 흠뻑 취했다. 모사한 그림은 늘어만 갔다. '탕기 영감의 초상' 바탕에는 우타가와 히로시게, 우타가와 도요쿠니 등의 작품이 그려질 정도였다. 1888년 동생 테오에게 보낸 편지에선 이를 더 극명하게 보여준다. "일본인들은 번개같이 빠른 속도로 그림을 그린다. 그들의 감수성이 소박하기 때문이다."

• 19세기 중반부터 20세기 초까지 서양미술 전반에 나타난 사조이자 일본적인 취향 및 일본풍을 즐기고 선호하는 현상을 이른다.
• 1870~71년, 프로이센의 지도하에 통일 독일을 이룩하려는 비스마르크의 정책과 그것을 저지하려는 나폴레옹 3세의 정책이 충돌해 일어난 전쟁이다.

테오와의 말다툼이 잦아진다. 갑자기 파리가 지겨워진다. 그는 신세계에서 예술의 유토피아를 찾고 싶었다. 화가들만의 천국과 이상 세계를 세우고 싶었다. 고흐는 몽마르트르를 미련 없이 떠나 1888년 태양이 이글대는 밝고 희망적인 남쪽 나라 아를로 내려왔다. 그리고 '해바라기', '밤의 카페 테라스'가 세상에 나온다. 아를에서의 삶과 희망은 해바라기, 즉 노란색으로 나타난다. '노란 집'에서 이 강렬한 노란 색조를 탐하며 그림을 그린다. 고흐에게 해바라기와 노랑은 희망을 향한 본질이었고 생동하는 모든 것에 대한 은유였다.

1888년 10월, 파리에서 친밀하게 지냈던 고갱이 고흐의 부추김 끝에 아를로 내려온다. 반 고흐의 노란 집에서 잠시나마 불꽃 같은 우정이 타오른다. 어찌할 수 없는 극상의 행복은 불행을 잉태할 채비를 갖춘다. 고갱과 논쟁이 잦아진다. 고흐는 자신의 귓불을 덜렁 자르고 신문지에 둘둘 말아 자주 농지거리를 했던 거리의 여자 라

해바라기, 1888   밤의 카페 테라스, 1888

자화상, 1889

셀에게 건넨다. 한계를 넘어선 기행은 파국을 부른다. 고갱은 황급히 파리로 돌아간다. 광기는 모든 걸 파멸로 치닫게 했다. 고흐는 아를의 정신병원을 들락거린다.

호전되는 기미가 보인다. 고흐는 제 발로 생 레미의 요양 병원을 찾으며 삶의 의욕을 반짝 보여준다. '자발적 의지'만 한 치료는 없다. 스스로 심리적 불안에서 벗어나려는 방어기제防禦機制가 작동하기 때문이다. 요양원 인근을 산책하거나 스케치하는 시간은 늘어만 갔다. 주변의 올리브 숲과 언덕배기의 삼나무 숲이 화폭에서 춤을 추었다. 프롬나드(promenade, 산책) 그림들이 많이 그려진다. 마음이 차츰 안정되었는지 자연주의 화풍의 부드러운 터치가 자주 눈에 띈다. 밀레와 들라크루아의 작품을 모사하는 그림도 이때 나온다. 요양원에서의 행동반경은 한계가 있었다. 너른 들판을 꿈꾸는 그림들이 상상 속에서 너울거렸다. 이때 번득이는 천재성과 깊은 관념 세계가 뒤섞인 '별이 빛나는 밤'이 탄생한다. 표현주의 작품의 극치다. 이듬해 1890년, 파리 북쪽 오베르 쉬르 우아즈(Auvers-sur-Oise)로 올라간다. 열정적인 작품 활동은 죽음이 가까이 왔음을 보여준다. 밀레를 그토록 사숙했기에 '까마귀가 있는 밀밭'이 그려진다.

짧은 37년 생애인데도 화풍은 몇 년 단위로 선명히 구별된다. 착

56

까마귀가 있는 밀밭, 1890

란과 조울은 천재들에겐 종종 자폐적인 예술적 영감과 결합돼 엄청
난 명작을 탄생시킨다. 그러나 시답잖은 보통 사람들에겐 시린 성장
통이나 퇴영적인 갈등으로 고질화된다.

　　나도 고흐가 광인으로 치닫던 시절인 30대 초중반 몇 년간 정신
적 황폐기를 겪었다. 우연이 긴 필연인지 아니면 운명인지 언론사
시험에서 몇 차례 뼈아픈 고배를 들었다. 그것도 몽땅 최종 단계에
서 탈락했으니 더욱 참담했다. 세상은 공평하지도, 아름답지도 않은
것처럼 보였다. 이미 다니던 회사도 그만뒀으니 가슴 깊은 곳에서
스멀스멀 화가 치밀어 올랐다. 게다가 반짝 회복 기미를 보이던 가

생레미 요양원의 고흐방

세도 더욱 기울었다. 소송에도 휘말렸다. 불행은 한꺼번에 쓰나미처럼 몰려온다. 가슴은 새까맣게 타들어갔고 추스를 힘도 없었다. 나이 제한에 쫓겨 치른 어느 언론사 시험의 마지막 임원 면접에서도 또 가혹하게 미끄러졌다. 심신은 깊은 나락으로 떨어져 허우적거렸다. 술, 담배에 찌들어 어떤 의욕도 상실한 채 눈만 껌벅거리는 나날이었다. 서른 갓 넘긴 나이에도 젊음은 소멸돼가는구나 싶어 자조감은 깊어만 갔다.

암흑 속에서도 먼동이 터오르듯이 가까스로 회사에 다시 출근하게 된다. 약간의 안정을 찾았으나 잠복했던 증세가 일시에 분출한다. 숨을 멎게 하는 공포감이 밀려와 토요일 오후 회사 근방의 병원 응급실

생레이 은양원의 욕간

로 스스로 기어들어가는 상황이 된다. 심장내과 전문의를 찾아 에코카디오그램(echocardiogram)이란 의료 기계에 가슴팍도 맡긴다. 몇 차례 심전도 검사에도 아무 이상은 없었다. 검진 끝에 나온 병명은 싸이코소메틱 디스오더(Psychosomatic Disorder), 즉 자율신경실조증이다.

어느 순간 제멋대로 심장이 치밀어 오르니 나온 진단이었다. 지금이야 불안 장애니 공황장애니 정신신경증세가 널리 알려졌지만 30여 년 전만 해도 숨기고 싶었던 은밀한 증세였다. 우리나라에는 아직도 신경정신과를 들락거리는 것 자체를 숨기려고 하는 사회 통념이 있다. 그러니 당시엔 사회생활에도 제약을 받을 정도로 심각한 낙인이 찍혔다. 주치의는 신경정신과 전문의 과정도 마친 내과 전문의였다. 재야의 고대사 연구자로 이름 높은 강경구 박사다. 신경안

정제의 일종인 극소량의 트랑센(Tranxene)을 이따금씩 복용했던 기억
이다. 내과 전문의가 정신과 치료를 겸해서 내린 긍정적 처방이었다.

자율신경실조증. 병명도 감추지 않고 자연스레 말하곤 했다. 병을
숨기는 것은 오히려 병을 키우는 것이라고 판단했던 나름의 '의지'
도 있었다. 겉보기엔 정상적인 보통의 젊은이였다.

가족이 생기고 안정을 찾아가면서 병은 어느 날부터 씻은 듯이 사
라졌다. 지금 돌이켜보면 만만치 않은 병이었다. 이상과 현실의 속된
간극이 부른 화병은 일상이 던져주는 삶의 무게 때문인지 내 마음
속에 오래 머무를 순 없었다. 30대 중반의 시린 삶이었다. 그런 고비
를 넘기지 못한 채 질곡에서 헤어나지 못한 삶을 살아가는 사람들이
주변에서 종종 보인다. 안쓰럽다.

생 폴 요양원의 정원을 어슬렁거린다. 을씨년스러운 분위기가 고
흐의 흔적을 더듬기에 제격이다. 어제 고르드의 이글대는 태양처럼
생 레미가 화창하고 떠들썩했다면 고흐도 못 만나고 나도 기억하지

농가의 정문도 예술 마을답게 퍽 조형적이다.

못했을 것이다.

고흐는 이듬해 봄 인생의 후견자인 테오를 찾아 파리로 올라간다. 파리 인근 오베르 쉬르 우아즈의 가셰(Gachet) 박사를 찾아간다. 마지막 불꽃을 태운다. 멋진 작품이 쏟아진다. 두 달 후 스스로 목숨을 끊는다. 동생 테오도 이듬해 세상을 뜬다.

고흐 생애 작품은 단 한 점밖에 팔리지 않았다. 그 한 점도 동생 테오가 주선해서 팔린 것이니 미치광이 고흐는 사후 한참 동안 화단에서도 외면당했다. 그리고 20세기 고흐는 서양미술을 빛낸 단연 최고의 작가로 다시 탄생한다.

별이 빛나는 밤, 1889

Saint-Paul-de-Vence, France

자동차로 계곡을 지나치다 보면
모든 걸 잊어버린다.

베르동 협곡

용

산 정상 성채에서 본
프로방스 산록에 숨이 멎는다.

나폴레옹 루트
ROUTE NAPOLÉON

구르동 · GOURDO

투레 슈르 루
TOURRTTES
SUR-SO

화가와 스타 들을
어김없이 빨아들였던
생 폴드 방스

그라스 · GRASSE

프라고나르 등 향수 회사가 즐비한
전통 마을이 아름답다.

달레 협곡
VALLEE GORGES

나폴레옹 루트

생 카씨앙 호수
ST · CASSIEN

ST · TROPEZ
상트로페

칸느 · CANNE

미라마 · MIRAMA

코트다쥐르와 프로방스에는 멋진 성곽과 예스러운 마을이 많다.
그러나 무슨 자장에 이끌려선지 유난히도 이곳 생폴 드 방스에
대스타들이 꾸역꾸역 모여들었다.
칸느나 생 트로페, 앙티브에서 불과 반 시간이면 나타나는
보석에 파묻히고 싶었던 게다.

이 지역에서 제일 큰 마을로 없는 게 없다.

EZE 에즈

방스·VENCE

→ 산레모

생 폴 드 방스
SAINT-PAUL-DE
VENCE

니스·NICE

해안절벽을 타라넘는
꼬르다쥬르 기차,
탄성은 어선 터진다 !!

앙티브·Antibes

후안 레펭·JUAN-LES-PINS

화가, 예술가, 배우 들의
해변 아지트가 천지삐까리다.

나폴레옹 루트
ROUTE NAPOLEON

코르시카를 탈출한 나폴레옹이
이 루트를 통해 리옹으로,
파리로 단번에 올라갔다.

생 폴 드 방스 Saint-Paul-de-Vence

20세기 명멸했던 대스타들의 성지,
삶과 죽음이 공존하는 아름다움

코트다쥐르 해변에서 알프스 밑자락 베르동(Verdon) 협곡 쪽으로 차를 몬다. 번잡하고 화려한 니스나 칸을 벗어나 호젓한 마을을 찾고 싶다면 기꺼이 손짓하는 성채가 있다. 생 폴 드 방스다. 인터넷에서 본 사진에 이끌려 선뜻 예약한 시트로앵 지프가 언덕길에서 갈그랑거린다. 별의별 사람이 운전대를 잡았을 테니 기어 변속도 매끄럽지 않다.

구르동 정상에 오롯이 자리한 레스토랑. 프로방스 산록을 멋지게 품었다.

꼬부랑 비탈길을 돌 때마다 나타나는 풍광에 탄성이 절로 난다. 깎아지른 절벽 때문인지 얼핏 들어오는 외관이 까마득한 중세 성곽 같다. 카페 공간으로 바뀐 오래된 종탑이 고풍스럽다. 백악기의 우제류偶蹄類* 같은 청동 작품이 아득한 옛날 분위기를 자아낸다. 마을에서 페탕크(Pétanque)*을 즐기는 할배들 패션이 청바지 일색이다. 노년의 자유분방함이 보기 좋다. 프로방스 어딜 가도 마을 어귀에서 페탕크를 즐기는 모습이 자주 눈에 띈다.

성곽을 가로지르는 그랑드 거리와 사이사이 숨어든 미로에 아틀리에와 갤러리 들이 보석처럼 박혀 있다. 암갈색 외벽을 비집고 자리한 가게의 쇼윈도에는 예사롭지 않은 작품들이 범접을 허락하지

- 척추동물 포유강의 한 목을 이루는 동물군을 가리킨다. 조각가들이 작품 소재로 많이 사용한다.
- 야구공만 한 쇠공을 이용한 놀이로, 나무로 된 작은 구슬을 놓아두고 쇠공을 던져 가까이 붙이는 쪽이 이긴다. 특히 노인들이 삼삼오오 모여 페탕크를 즐기며 시간을 보내며 즐긴다. 매년 프로방스에서는 세계 페탕크 대회가 열린다.

이웃한 방스 그리고 루베롱 산록의 보니유 마을이나 라코스트 마을 어귀에서 어김없이 본 페탕크 놀이. 루베롱 지역에서는 '불르'라고 칭하기도 한다.

않는다. 골목 계단을 오르는 관광객의 몸가짐이 조신하다. 회백색 공간에 겸손한 원색과 절제된 오브제가 다소곳이 포치된 공간 미학이 아름답다. 어느 것 하나 허투루 손대지 않았다.

사진 아틀리에가 눈에 들어온다. 붉은 바탕 벽 위에 흑백사진들이 튀어나온다. 지난 세기를 주름잡았던 유명 스타들이다. 마릴린 먼로, 비틀즈, 브리지트 바르도, 그리고 알랭 들롱(Alain Delon, 1935~). 정면에 걸린 사진을 보고 나는 버벅대며 이름을 잘못 댔다. 여주인이 로미 슈나이더(Romy Schneider, 1938~1982)라고 정정해준다. 영화 〈태양은 가득히(Plein Soleil)〉에서 단역으로 출연해 알랭 들롱을 잠시 스쳤던

오스트리아 출신 배우다. 그 당시 한국인에겐 오스트리아나 독일 출신 여배우가 생소했다.

영화 〈수영장(La Piscine)〉에선 알랭 들롱과 진한 정사 장면도 연출했다. 연인 관계였으니 러브신이 실감 날 수밖에 없었다. 햇살 좋은 남프랑스 시골 별장에서 빈둥빈둥 무위도식하며 삶을 때워가

불쑥 나타난 사진 공방. 붉은 바탕으로 눈길을 확 끈다.

는 영화였다. 당시 알랭 들롱 이미지에 걸맞은 배역이었다. 관능적이고 이지적인 외모의 로미 슈나이더에 알랭 들롱은 빠져들었다. 알랭 들롱은 파란만장한 삶을 살다간 로미 슈나이더 묘비에 이렇게 적었다. "당신은 너무나 아름다웠습니다. 사랑해요, 내 사랑." 추모 글도 참 신파적이다. 알랭 들롱답다.

'태양은 알고 있다'라는 제목으로 국내에 소개된 〈수영장〉은 요즘 말로 개념 없는 영화였다. 얼굴 반반한 남녀가 벌이는 애정 행각이 영화의 상투적인 플롯과 스토리를 그나마 커버했다고 할 정도였으니까. 어쨌든 알랭 들롱과 로미 슈나이더는 코트다쥐르 해변과 떼려야 뗄 수 없는 관계. 주인공들은 생 트로페(Saint-Tropez)의 한 별장에서 아침부터 눈부신 태양 아래 나신을 드러낸다. 생 트로페는 프랑스의 관능적인 여배우 브리지트 바르도가 세상에서 '가장 멋진 빌라'를 짓고 살았던 곳으로, 나에겐 지중해 태양만큼 육감적인 도시로 각인되었다. 〈태양은 가득히〉가 공전의 히트를 치자 영화사는 속없이 비슷한 멜로물을 만들었다. 장삿속에 눈이 멀어 제목도 '태양 시리즈'로 붙였다. 유치하고 얄팍한 상혼이 끼어들었다. 우리나라뿐아니라 어느 나라에서도 흥행에 실패했다고 한다. 프렌치 리비에라

종탑과 삼나무를 배경으로
잉그리드 버그만이 포즈를 취했다.

콜롱브 도르에 모인 스타들.
이브 몽땅, 장 가뱅 등이 보인다.

(French Riviera)* 해안의 뜨거운 태양 하면 대뜸 생각나는 알랭 들롱과 로미 슈나이더가 생 폴 드 방스의 후미진 액자 가게에서 살아난다.

　60, 70년대에 중고생 시절을 보낸 아저씨들에게 알랭 들롱은 꼭 우상만은 아니었다. 그저 '드롱이 형님' 정도로 비아냥거림의 대상으로 여겨지기도 했다. 드롱이 형님 영화는 대개 재개봉이나 재재개봉 관 같은 변두리 극장에서 은밀하게 봤었다. 가끔은 무협 영화와 나란히 상영됐고, 어떤 때는 삼류 쇼와도 구색을 맞췄다. 으레 정의와 의리를 내세웠던 남학생들에게 미녀와 농염한 정사만 나누는 드롱이 형님이 마냥 반가웠을 리는 없다. 시시덕거리며 장난질할 때 비웃음의 대상으로 곧잘 입에 올렸던 것이다.

* 마르세유에서 이탈리아 국경까지의 해안을 말하는데, 코트다쥐르와 상당 부분 겹친다.

생 폴 드 방스엔 참 많은 화가와 스타들이 스며들었다. 19세기 말부터 20세기 초까지 이어진 벨 에포크(La Belle Époque)는 흐드러진 예술혼의 시대였다. 벨 에포크는 파리에만 머물지 않았다. 생 레미와 아를의 고흐, 엑상프로방스의 폴 세잔 등 프로방스 전역에 세기말의 완숙한 화풍이 넘쳐났다. 프로방스 동쪽 알프스 마리팀 지역이나 앙티브, 그라스를 찾은 화가들은 어김없이 생 폴 드 방스로 왔다. 르누아르, 마네, 마티스, 피카소, 모딜리아니 등 이곳을 찾은 화가는 셀 수 없을 정도다. 장 가뱅, 잉그리드 버그먼, 모리스 로네, 제인 버킨 등 기라성 같은 배우들도 몇 개월씩 머물다 갔다. 이브 몽땅은 아예 이곳에서 결혼식을 올릴 정도로 생 폴 드 방스에 빠져들었다. 샤갈(Marc Chagall, 1887~1985)은 말년의 20여 년을 이곳에 눌러앉아 왕성한 작품 활동을 했고, 97세로 세상을 뜨면서 바로 마을 옆 묘지에 잠들었다. 콜롱브 도르(Colombe d'Or) 호텔은 이런 화가와 스타 들이 남긴 흔적들로 빈 공간이 드물다. 매력 있는 중세 성채에 대스타들이 몰려든다고 소문나면서 관광객도 찾아들었다.

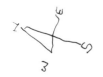

- '아름다운 시대'라는 뜻으로, 주로 19세기 말부터 1914년 제1차 세계 대전이 일어날 때까지 파리가 번성했던 화려한 기간, 그리고 그 문화를 가리킨다.
- 생 폴 드 방스에 있는 독특한 건축물로, 20세기 초 유명 예술가들이 드나들던 여인숙이었다. 피카소, 세자르, 마티스와 같은 예술가들이 숙박비 대신 놓고 간 작품들을 볼 수 있다.

아틀리에, 갤러리, 카페, 레스토랑, 공방뿐이라면 흔한 위락지와 뭐가 다르겠는가. 생 폴 드 방스는 밤에도 숨을 쉰다. 아직도 성채 북쪽 길에는 주민들이 살고 있다. 주거지역엔 카페도 아틀리에도 안 보인다. 나름 생 폴 드 방스만의 향약이 있다. 철제 담장 너머 포도 농원에선 하우스 와인이 빼꼼히 얼굴을 내민다. 수백 년간 이어진 마을의 내력이다.

생 폴 드 방스만의 아름다운 풍경이 눈에 들어온다. 코트다쥐르를 향해 마련된 마을 묘지다. 삶과 죽음이 공존하고, 이승과 저승이 섞여 있는 공간이 이채롭다. 유칼립투스, 삼나무, 사과나무, 느티나무, 야자수가 묘지를 에워싼다. 죽은 자의 공간이 산 자의 집보다 아름답다. 묘비도 상석도 십자가도 각기 다른 형상이다. 푸르른 색조도 격이 다르다. 코트다쥐르의 원색적 태양 아래 숨을 고른 해풍이 묘지를 감싼다.

묘지 옆에 놓인 물뿌리개가 가지런하다. 생명력은 죽은 자를 위로하고 어루만진다. 꽃과 나무는 물을 먹고 산다. 설령 자주 찾지 못하더라도 주변 나무가 죽은 자를 기려준다.

주거지역의 하우스와인 안내판이 이채롭다.

우리의 공원묘지 풍경이 떠오른다. 공동묘지의 평등주의에 걸맞게 오와 열이 흐트러짐이 없다. 현충원의 보편성을 이어받아서인지 우리만의 아파트 문화를 답습했는지 어느 망자도 튀지 않는다. 독특한 묘지 문화다. 봉분 앞에 놓인 헌화가 사시사철 원색이다. 시들지도 않고 변색도 안 되는 폴리비닐 조화다. 묘지를 자주 찾지 못하니 우선 내구성이 좋아야 한다. 북망산에서 불어대는 눈보라에도 끄떡없으니 안심이다. 망자와는 상관없는 자식들의 한결같은 애틋함이 담겨 있다.

그러나 조화는 꽃이 아니다. 꽃 모양을 한 조형물이다. 원색의 일사불란한 모습은 가히 조화의 열병식 같다. 한국의 장례식장 풍경과 연계된 우리만의 묘지 문화다. 이것은 거짓과 진실의 문제도 아니고 좋고 나쁘고의 문제도 아닌 단지 우리 가치관의 문제이다.

전쟁 후 생 폴 드 방스의 콜롱브 도르 호텔에 모여든 영화인들이

생 폴의 마을 묘지와 경기도 파주 지역의 한 공원묘지가 퍽 대조적인 모습이다.

우정의 시간을 보낸 사진이 남쪽 벽에 걸려 있다. 이브 몽땅, 시몬 시뇨레, 리노 벤투라 등이 보인다. 첨탑처럼 다듬은 유칼립투스와 종탑을 배경으로 잉그리드 버그먼도 포즈를 취했다. 매년 5월이면 칸 영화제가 열린다. 영화 관계자나 화가뿐 아니라 문화 예술인이면 누구나 자석에 끌리듯 찾는 생 폴 드 방스. 오늘도 찬란한 축복을 받는다. 한 세기를 풍미했던 그 스타들에게도 꿈결 같은 화양연화花樣年華가 있었다. 그들은 아름답고 행복에 겨웠던 시절을 이곳에 남겼다. 감춰진 시간을 끄집어내 그곳에 다시 자신만의 시간을 포개는 여행객들

주차장 가는 길의 조형물도 멋진 모습으로 다가온다.

로 골목은 왁자하다.

20세기를 빛냈던 스타들은 거의 세상을 떠났다. 마을 수호신은 이런 생각을 할 거다. 별난 20세기였다고. 이웃 방스와 구르동의 성곽, 그리고 고르드 요새도 멋진데 유독 생 폴 드 방스에만 몰려왔냐고……

주차장으로 가는 길, 물랑 레스토랑의 자태가 오만하다. 올리브 나무 사이에 놓인 여인상과 첼로 두 개가 여백의 공간미를 돋보이게 한다. 버스 두 대에서 내린 중국 관광객들이 시끌벅적한 소리를 내며 길을 건넌다. 그날 저녁 뉴스에서는 5,000여 명의 중국 연수단이 니스 항에 도착했다고 이례적으로 보도했다. 남프랑스 전체가 중국 사람들로 넘쳐났다. 이쯤 되면 도도한 황하黃河의 물결이면서 황화黃禍˙의 21세기 버전이다. 생 폴 드 방스가 위락지로 변하는 건 머지않은 듯하다.

• 황인종의 진출이 백인종에게 미치는 침해나 압력. 청일 전쟁 때 독일 황제 빌헬름 2세가 일본의 세력 확장에 대한 반감에서 이를 주창하였다.

쓰레기통의 배경도 파스텔 톤 인물화다.

통영 統營

어느 것 하나 빠지지 않는
문화·예술의 보고

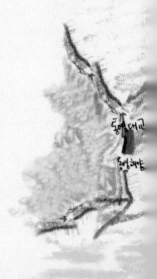

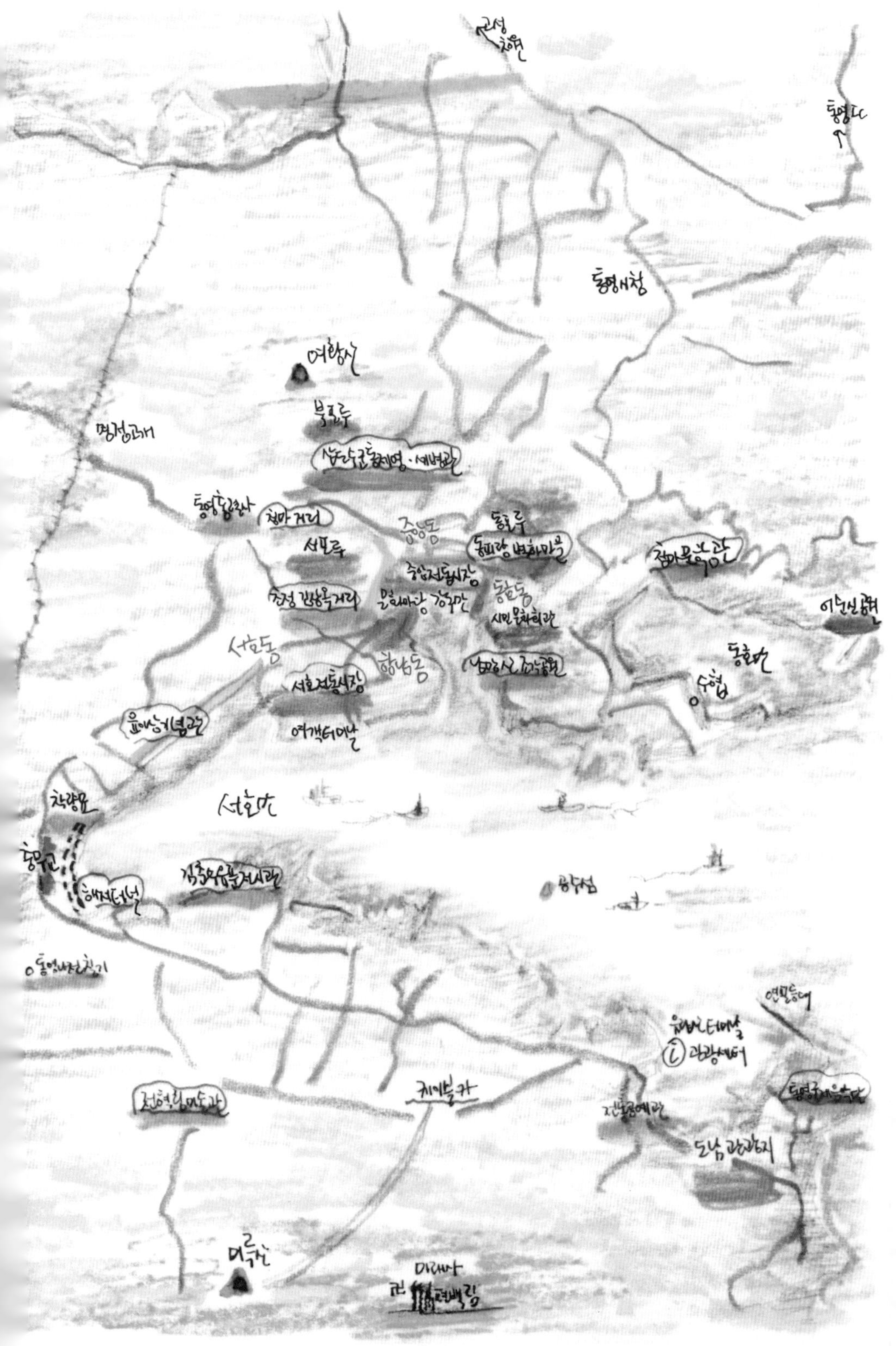
고성 창원
통영시청
여황산
북포루
삼도수군통제영·세병관
명정고개
통영충렬사
청마거리
중앙동
동포루
서포루
동피랑 벽화마을
중앙전통시장
초정 김상옥 거리
문화마당
강구안
동호동
시민문화회관
청마문학관
이순신공원
서호동
항남동
남망산 조각공원
동호만
수협
서호전통시장
윤이상기념관
여객터미널
착량묘
서호만
충무교
해저터널
김춘수유품전시관
공주섬
유람선터미널
관광센터
통영국제음악당
전혁림미술관
케이블카
전통공예관
도남관광지
미륵산
미래사
편백림

통영

언제든 갈 수 있는
'내 마음속의 영원한 지중해'

60년대 초반으로 기억한다. 유서 깊은 지명인 통영이 나에게 처음으로 다가왔다. '충무忠武'였다. 초등학교 4학년 어느 날 지구 별의 한 점과 맞닥뜨린다. 누나의 검인정 지리부도에서 조우한 항구였다. 인구 7만의 동그라미 두 개(읍은 동그라미 하나)는 '동양의 나폴리'로 멋지게 포장되어 있었다. 어린 마음에도 가고 싶었다. 그러나 지구 반대편의 나폴리나 '한려수도의 나폴리'나 마찬가지로 피안의 세계였다.

신대교 전망대에서 내려다본 견내량과 용남 포구.

대학 졸업할 때까지 형편도 교통도 녹록지 않았다. 지금이야 대전 통영 고속도로로 서울서 냅다 밟으면 4시간 안팎이면 도달하지만 10여 년 전까지만 해도 대구, 마산, 진주를 경유해야만 갈 수 있는 머나먼 남쪽, 인접한 삼천포가 가져다준 뿔 빠진 이격감까지 더해진 과거의 도시였다.

부산서 경중경중 연결된 거가 대교까지 걸쳐졌으니 축지법을 쓴 듯 '가장 가고 싶은 도시'로 떠올랐다.

도시의 풍모가 오밀조밀하고 정겨운 휴먼 스케일이다. 으뜸 산이 여황산이다. 참 야트막한 언덕 같은데 삼도수군통제영, 세병관을 품고 있다. 북포루에서 바다 건너 보이는 어머니 같은 미륵산은 한려수도를 다정하게 안고 있다. 풍모는 작으나 기개는 예사롭지 않다.

스치는 골목마다 예술가의 혼과 시인들의 정취가 서려 있다. 마치 뜻밖의 행운을 만날 것 같은 포구 뒷길들. 청마의 「행복」 시비를 읽고 모퉁이를 돌면 이중섭이 청마와 술추렴하기 전 자주 만났던 '성림 다방' 터가 나온다. 중섭에겐 그의 그림 값만큼이나 소중했던 성림 다방이다. 중섭은 그곳서 '남망산 오르는 길이 보이는 풍경', '달

과 까마귀' 등 유화 몇십 점을 그려놓고 창가와 카운터 옆에 어설피 걸어 개인전을 열기도 했다.

서항 여객 터미널을 스치며 불어오는 바람결에 초정* 동상이 오롯이 서 있다. 문화 마당 뒷골목으로 예술 기행 온 여학생들의 깔깔대는 웃음소리가 넘쳐난다.

강구안을 품은 동피랑 언덕은 사시사철 젊은이들의 순례지가 됐다. 들뜬 위락과 탐방은 먹을거리에서도 새로운 풍속도를 만들었다. 달콤하고 짭짜름한 자극이 천지삐까리다. 충무김밥, 문어 튀김, 꿀빵집이 강구안을 일렬종대로 휘감는다.

충무김밥집은 온통 원조다. 소를 넣지 않고 흰 쌀밥을 김에 돌돌 말아내는 김밥, 양은 잔에 찰랑이는 시락국, 새콤달콤한 오징어무침, 농익은 섞박지 몇 조각. 편의점이나 고속도로 휴게소에서 흔히 볼

---

* 초정 김상옥(艸丁 金相沃, 1920~2004) 시인은 시조로 작품 활동을 시작했으나 자유시로도 많은 작품을 발표했다. 주요 작품으로 「봉선화」, 「백자부」, 「다보탑」 등이 있다.

동피랑 벽화같이 나래를 편 탐방객.

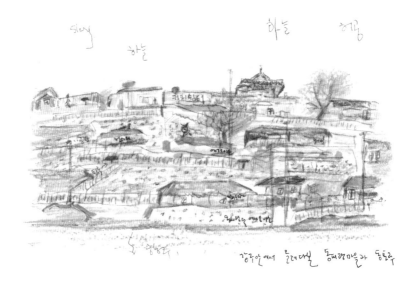

수 있는 '국민 음식'이 되었다.

　1981년 '국풍 81'이란 관제 행사가 서울에서 우악스럽게 펼쳐졌다. 통영 여객 터미널 한 모퉁이, 좌판 두서너 개의 옹색한 가게에서 한 할머니가 김밥을 말았다. 이름하여 '어두리' 할머니다. 이름조차 통영스럽다. 국풍 현장에 할머니의 김밥이 나타났다. 그 짭조름한 맛은 사람들을 줄 세웠다. 이후 온 세상의 신문 방송에 연일 소개되었다. 충무김밥의 화려한 등장이다. 본래는 '통영 김밥'이었다.

　1955년 통영군 통영읍이 충무시로 격상되면서 바뀐 이름이다. 1995년 광역화로 다시 통영시가 되었지만 '충무김밥'이란 브랜드는 대세로 자리 잡았다. 대중적 브랜드가 정치 행정의 작위성을 넘어선 것이다. 곰삭은 젓갈에 버무린 맛깔난 섞박지와 새콤한 오징어무침의 조화, 독특한 매력이다.

본래 충무김밥은 부산과 여수 사이를 오가는 여객선에서 탄생했다. 중간 기항지인 통영엔 얼추 점심때에 들어온다. 김밥 할머니들이 잠시 배에 올랐다. 특히 여름날의 김밥은 곧잘 쉬어버린다. 묘수가 나온다. 김밥과 반찬을 따로 만들어 팔았다. 궁즉통의 생활 지혜다.

통영 꿀빵. 꿀빵이라 했는데 꿀은 없다. 팥으로 소를 넣고 밀가루를 겉에 입히고 튀겨낸 둥근 도넛에 물엿을 흠뻑 바른 것이 꿀빵이다. 가난한 시대에 달달한 맛으로 허기를 달래주던 그 시대의 군것질이었다. 한국전쟁 직후 통영도 지독히 궁핍했다. 가난은 단것의 유혹에 무방비다. 풍요의 시대에 관광객들은 단맛에 중독되어 친지들에게 선물할 꿀빵을 한 아름씩 안고 돌아간다. 단것은 전염성이 엄청나다. 통영의 패러독스다. 상식의 반전이다.

지금까지 열댓 번 통영을 찾은 것 같다. 딱히 마음먹고 맛 탐방한

탐방객들은 벽에 붙었고 사진작가는 트럭에 올라탔다.

적은 없다. 맛을 음미할 섬세한 미각도 부지런함도 없었다. 대여섯 번은 풍광을 즐기려 여행했고 예닐곱 번은 순수 업무차 통영을 찾았던 기억이다.

통영은 스치는 곳마다 눈부신 풍광이 나타난다. 해저터널 위로 걸쳐 있는 충무교에서 바라본 통영항의 야경, 어슴푸레 포구를 헤쳐 들어오는 뱃고동 소리와 반짝이는 어화 행렬. 모두가 멋진 심포니다. 도남 관광지 언덕배기부터 미륵도를 휘감는 해안 도로를 드라이브 하다가 문득문득 튀어 오르는 포구와 양식장 또한 가슴 저미는 풍경이다. 해질녘 달아 공원에서 본 한려의 일몰은 세상의 모든 근심을 쓸어 담는 풍경으로 장엄한 변주곡이다. 차가 깔딱 고개에서 샛길로 삐친다. 태양을 향해 까마득 솟구친 미래사 편백림은 눈 호강만 하지 말고 찌든 가슴도 씻어내라고 손짓한다.

통영행. 해외여행 떠날 때보다 적이 들뜨는 것은 왜일까. 종횡무진 볼 것, 먹을 것, 탈 것, 살 것이 깔려 있기에 기다려지는 걸까. 통

달아 공원 일몰에 빠져드는 여행객들.

영에서 만큼은 '매끼'를 때운 적이 별로 없다. 여행 가서 삼시 세끼 다 제대로 즐길 수 있겠는가. 이곳에선 달랐다. 아침이면 전날의 술독을 풀어줄 복국과 시락국이 기다린다. 불쑥 어느 집이건 문 열고 들어가도 실망은 없다. 점심이면 해초 멍게 비빔밥 등 바다 냄새 물씬한 먹을거리와 한려의 해풍이 스며든 미륵산 푸성귀가 곁들여진 한정식이 기다리고 있다. 그렇게 강구안 주변은 한 집 건너 정겨운 맛집 천지다.

울막개, 아랫막개 동네 이름도 이쁘다. 열여섯 가구가 오순도순 사는 우도다. 카페리 여객선이 운항하는데 섬 안엔 찻길이 없다. 울막개 뒷산의 생달나무, 후박나무가 신령스런 자태다. 시간 반 옆 사람과 이야기꽃을 피우며 걷는 숲 속 터널도 있고 동백나무 군락지도 있으니 때 묻지 않은 원초적 아름다움이 그윽하다.

그린 샤워를 듬뿍 했으니 돌연 시장기가 몰려온다. 우도 해초 비빔밥집에서 행복한 점심을 든다. 톳, 가시리, 군소 등 처음 들어보는 해초에 소라, 고둥, 석모 등 어패류가 뿜어내는 바다 냄새가 싱그럽다. 입 안 가득 머무는 갯바위 향과 쫄깃한 감촉에 화색이 돈다. 우도 바

탐방객에게 반려견을 자랑하는 우도 할아버지.

다에서 건져 올린 참돔 구이까지 젓가락질할 여유가 없는 것이 못내
아쉽다.

통영 서호 시장으로 다시 돌아왔다. 저녁이면 청정 해역의 보석
같은 해산물이 파노라마처럼 펼쳐지는 해산물의 경연장을 접한다.
혈기 방창하던 20대 후반 첫 휴가 때 찾은 통영, 오감을 파고드는 회
를 처음 만났다. 충청도 내륙과 서울서만 자랐으니 아는 생선은 자
반고등어나 조기, 꽁치가 고작이었다. 부잣집이건 가난한 집이건 그
시절엔 생선을 그저 구이나 젓갈로만 접했던 것이다. 80년대 중반
신문사에서 주관하는 '21세기 경제 과학 특강'을 진행하러 통영, 진
주, 마산 등지를 자주 찾았던 기억이다. 당시로서는 신선한 프로그램
이었다. 서울 세칭 명문대의 경제학, 과학 분야 석학들이 힘들게 내
려갔으니 그 지역에선 여간 고마운 게 아니었다. 점심 저녁 식사 때
마다 엄선된 맛집으로 안내됐다. 그때 처음 고노와타(このわた)란 해삼
창자 젓갈을 접했다. 해삼을 좋아했지만 내장으로 만든 젓갈은 난생
처음 들어봤고 맛보기도 처음이다. 같이 동행했던 서울대 경제학과
故 강광하 교수도 처음이란다. 그분도 대구 출신이니 당연했을 것이

태극기 뒤로 통영 국제음악당이 아스라이 잡힌다.

통영을 보초 서듯 에워싼 보석 같은 섬들…

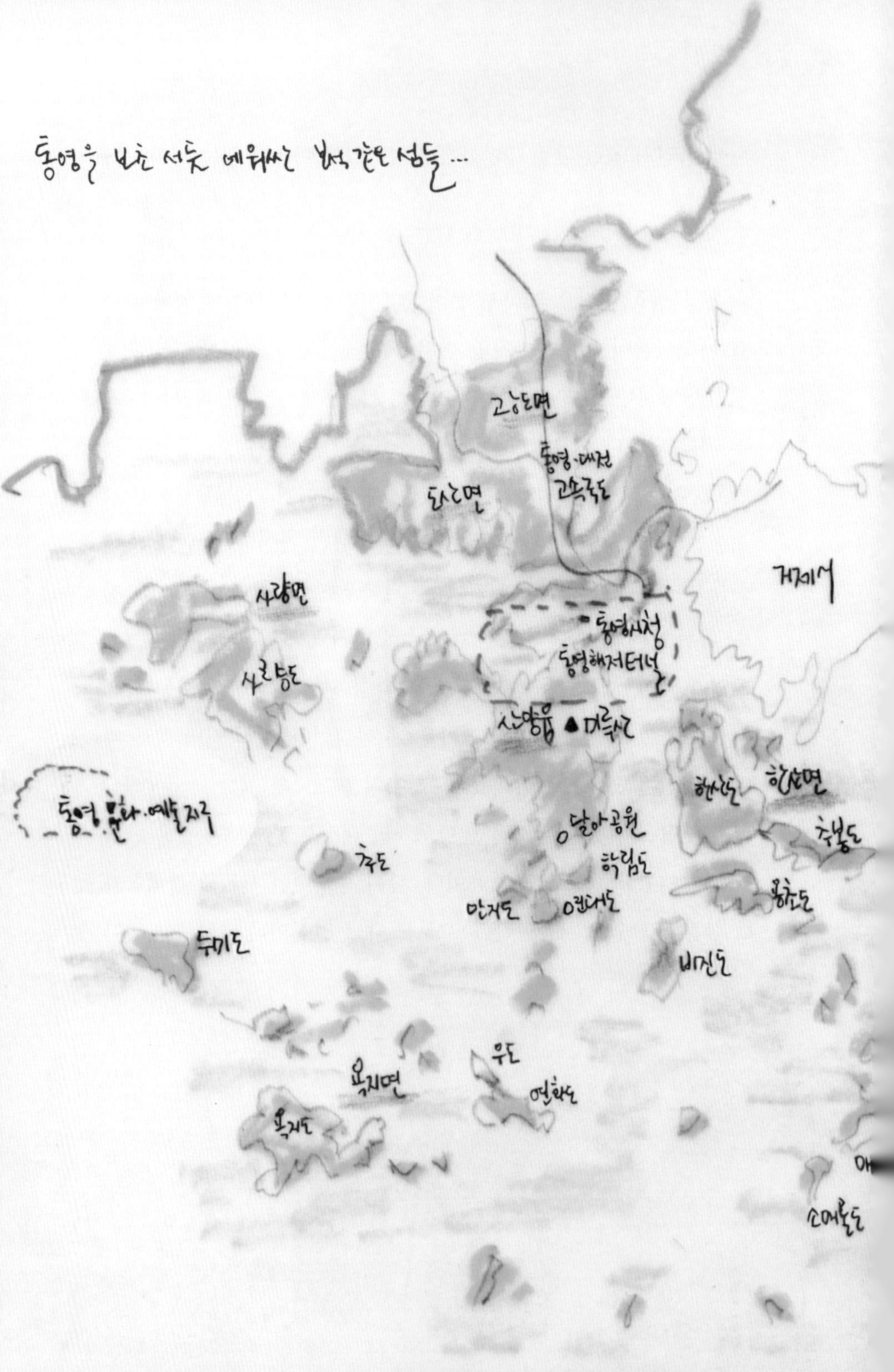

다. 그날 우리는 흥에 겨워 히레 사케(ひれざけ)*를 몇 순배씩 돌려댔다. 뒤이어 감성돔, 방어, 민어, 전복 회 등이 눈 호강을 시킨다. 성게알, 참숭어도 나왔으니 일본인들이 천하 3대 진미라 일컫는 해산물을 모두 만난 것이다. 한려수도 바다의 진객들이 총출동했던 호사스런 밤이었다.

스멀스멀 치밀어 오르는 기억도 있다. 10여 년 전 한창 휴가철에 접어든 7월 말쯤이었던 것 같다. 2박 3일의 짧은 통영 여행이었다. 장마 뒤끝의 패잔병 같은 지질한 먹구름이 동호 앞바다를 낮게 포복하고 있었다. 갈지자로 불던 끈적이는 해풍이 그날 아침만은 잦아들고 있었다. 다행히 매물도 가는 배가 뜬단다. 3일 만의 출항이었다. 언제 또 온 가족이 통영을 올까 싶어 서둘러 배에 올랐다. 한산도 앞바다를 미끄러져 나갈 때만 해도 일렁이는 파도에 리듬을 타며 뱃전을 오갔다. 그러나 한 30여 분 지나자 파도는 점점 허연 이를 드러내며 갑판에 물보라까지 끼얹는다. 드디어 울렁울렁. 아내와 둘째 아이는 몸을 가누지 못하고 비닐봉지를 뒤집어쓴다. 심한 뱃멀미였다. 속이 홀랑 전복됐으니 그저 배에서 내릴 때까지 기다리는 수밖에…….
'파도타기 항해'를 하는 뱃사람들의 웃는 모습이 마치 상어 이빨처럼 다가왔다. "이만하면 잔잔한 기라." 순풍에 돛을 단 듯 손놀림도 경쾌하다. 남도 사람들 틈에서 큰아이도 기암괴석 풍광에 연신 탄성 89

• 복 지느러미를 볕에 말려 넣은 정종.

을 내뱉는다. 눈꺼풀이 침침해지고 콧물도 나온다. 나도 서서히 메슥메슥 침몰하고 있었다. 두 시간이 마치 스무 시간 같았다. 도남 유람선 터미널로 돌아왔을 때 가족의 얼굴은 하얀 백지장이 되었다. 그날 아침 온 가족이 호기심 가득 즐겼던 굴 국밥, 굴 무침, 굴 전 등 통영 진미는 말짱 도루묵이 되었다. 그날 이후 둘째 아이는 굴 요리만 나오면 손사래를 친다. 10여 년이 지났는데도 둘째에게는 그 진한 '통영의 추억'이 트라우마로 남아 있다.

가족과 여행 가더라도 나만이 즐기는 공간이 있다. 국내외 어디를 여행하든 어김없이 찾는 곳이 있다. 벼룩시장일 수도 있고 사람 냄새 물씬한 재래시장일 수도 있다.

통영 활어 시장을 즐겨 찾는다. 싱싱한 회를 즉석에서 맛볼 수 있고 포장해서 숙소로 가져갈 수도 있다. 남도 사투리 시끌벅적한 흥정과 칼 손질이 분주하다. 통영 앞바다의 모든 어패류들이 고무 대야에서 빼꼼빼꼼 손님을 기다린다. 참돔, 전어, 광어, 문어, 낙지 등이 지천으로 펄떡인다. 멍게, 개불, 해삼, 소라, 전복도 선도가 눈부시다. 해삼은 너무 싱싱해 어금니가 부실한 사람은 아예 근처도 가지 말란다.

자주 통영을 찾다 보니 계절마다 제철 생선을 맛본다. 봄엔 농어 회를, 여름엔 장어와 민어회가 최고란다. 탱탱한 맛에 깊이까지 있다. 그러나 가을에 맛보는 전어 회와 고등어 회엔 비길 데가 못 된다. 먹이가 풍성한 여름의 영양분을 흠뻑 섭취한 가을 전어, 기름지고 쫀득하다. 고등어란 놈은 성질이 벼락 같아서 잡히면 이내 자진한다. 횟집에서 고등어 찾기란 쉽지 않다. 그러니 소금에 푹 절여 자반이란 이름으로 식탁에 자주 오르는 게다.

요즈음은 욕지도, 연화도 바다에서 고등어 양식장을 멋지게 펼쳐 놨다. 얼마 전 욕지도 여행에서 양식장의 장관을 보았다. 바다 위에 뜬 여러 면의 레슬링 경기장 같은 조형미가 이채롭다. 잡은 고등어를 그물째 그대로 끌고 와서 가둬놓고 일정 기간 먹이를 주면서 키운다. 가두리에서 쳇바퀴 돌뿐 활동량이 미미하니 기름진 고등어로 자란다. 높은 값에도 열광하는 이유다.

욕지도 하면 고등어 요리가 대세인가 보다. 고등어조림, 고등어구이, 심지어 고등어 케밥까지 등장한다. 이스탄불 갈라타 다리 밑이 원조인지 욕지도가 먼저인지 알 길은 없다. 팬시한 간판의 고등어 전문점 '美옵타티오'가 짧은 연륜을 말해준다. 빼떼기죽도 파는 할매

욕지도 비렁길의 출렁 다리.

바리스타 카페와 이웃사촌인 걸 보니 욕지도에 몰려오는 수많은 관광객을 위한 '배려'인가 보다.

　겨울엔 모든 해산물이 맛있다. 그중에서도 겨울에 먹는 대구탕과 물메기탕은 통영 사람들한테 유별나다. 겨울의 통과의례다. 특히 대구는 찬바람이 불기 시작한 입동부터 입춘까지 미륵도 장승포 앞바다에 나타난다. 쿠로시오 해류를 타고 내려오는 대구는 2월의 복대구가 최고다. 맑게 끓여내는 통영 생대구탕은 담백하고 시원한 맛이 일품이다. 자극적인 것을 싫어하는 중장년층에게 인기가 높다.

　필자도 젊을 때는 저 밋밋한 맛이 싫어 불그죽죽한 대구 매운탕에 열광했다. 청춘은 붉은 열정을 좋아하나 보다. 통영에서 해산물만 꾸역꾸역 즐기며 술을 곁들이지 않는다면 맛은 반감될 뿐이다. 자연 안주가 흥을 돋운다면 술은 감기게 마련이다.

　새벽엔 속이 쓰릴 만큼 술병이 도진다. 술병 다스리는 해장국이 도처에서 기다린다. 물메기국의 등장이다. 흔히 동해에서 곰치국이라 불리는 술국이다. 젊은 시절, 서울서 가까운 강릉, 속초는 뻔질나게 찾았다. 곰치국은 아침마다 상에 올랐다. 청초호 변 빨랫줄에서

미륵도 봉평동에 자리한 전혁림 미술관.

통영에서 예술가가 많이 태어난 것은
이순신에서부터 출발한다.
이순신은 덕장이면서 예술가다.
임진해란 당시 통영은 한촌이다.

보던 물메기가 산양면 언덕배기 마을에서도 눈에 띈다.

도다리 쑥국, 최고의 해장국이다. 초봄 어느 날 새벽, 고개를 쳐들고 그릇 바닥까지 보게 하는 도다리 쑥국을 들어보셨나. 이른 봄 해쑥과 함께 끓인 도다리 쑥국은 깊고 맑은 그윽함의 으뜸이었다. 흔히 '가을 전어'와 함께 내세우는 대귀가 있다. 봄 도다리. 그 밖에 새 며느리한테도 안 준다는 초여름 멍게, 아침 식사의 대명사처럼 떠오른 복국, 여름 보양식의 상징 하모 회, 겨울의 진객 통영 굴……. 이루 헤아릴 수 없다. 특히 통영 굴은 전국 생산량의 70퍼센트를 차지하니 가히 통영의 꿀단지다.

왜 이리 음식 문화가 발달했을까. 인구 14만 여의 조그만 항구 도시가 배출했다고는 생각하기 어려운 주옥같은 문화 예술인들의 섬세하고 감성 어린 DNA가 서려 있기에 그렇다고 보는 사람도 있다. 삼도수군통제영으로 서울에서 파견된 고급 관료들과 그에 따른 찬부들의 손맛이 있었기에, 외래문화가 활발히 들어오고 나름의 격세된 토착 문화와 융합됐기에 가능했다는 견해 등 여러 이야기가 있다.

한산섬을 바라보며 절벽에 위치한 통영 국제음악당.

통영이 낳은 걸출한 두 인물의 통영 풍토 이야기가 이를 뒷받침한다.

윤이상 선생은 어린 시절의 음악적 영감을 생전 이렇게 말했다. "아버지는 종종 밤낚시를 하러 바다로 나를 데리고 가셨습니다. 그럴 때면 우리는 아무 말 없이 잠자코 배 위에 앉아 물고기가 헤엄치는 소리나 다른 어부의 노랫소리에 귀를 기울였습니다. 남도창이라 불리는 침울한 노래인데, 수면이 그 울림을 멀리까지 전해주었습니다. 바다는 공명판 같았고 하늘에는 별이 가득했습니다." 바다, 하늘, 땅이 어우러져 뛰어난 예술적 상상력을 만들었고 음식 맛에 그 감성이 스며들었던 것이다.

박경리 선생도 문학 대담에서 "삼도수군통제영이 들어서면서 팔도의 장인들이 모여들다 보니, 온갖 기술자들이 다 통영으로 왔다"고 말한 적이 있다. 또한 "통영은 기후나 풍광이 아름다워 각지에서 몰려든 사람들이 눌러앉아 소목장, 임자장, 선지장, 두석장 등이 되었고 이들이 통영 예술의 토양이 되었다"고 했다. 통영은 윤이상 선생이 말했듯 "예술적으로 구성된 혼성 합창"처럼 통영을 둘러싼 기후, 풍경 등을 맛으로 아름답게 버무린 항구였다.

박경리 기념관의 미니어처. 여황산 아래 세병관, 간창골, 박경리 생가가 보인다.

그렇다. 천혜의 지리적 조건과 청명한 날씨가 기저에 깔려 있어 그랬던 것이다. 거제도가 대한해협의 거친 물살을 막아주고, 욕지도, 연화도가 보초 서듯 바람을 막아주었다. 미륵산이 사나운 기운을 어루만져 포근한 바다를 이루게 하고 한산도가 충절로 외세를 멀리하니 예술혼이 타올랐고 미감은 더욱 살아났다.

남망산에 올라 서호를 조망하면 누구나 시인 묵객의 '예끼'를 가질 수밖에 없다. 천혜의 풍광은 아름다운 공간을 낳고 그 공간 속에서 배태된 시적 감성과 에스프리는 뛰어난 맛을 잉태한다.

통영은 미항인가, 예향인가, 아니면 맛의 고장인가. 아니다 모든 시름을 잊게 해주는 꿈결 같은 항구, '내 마음속의 지중해'다.

부산 釜山

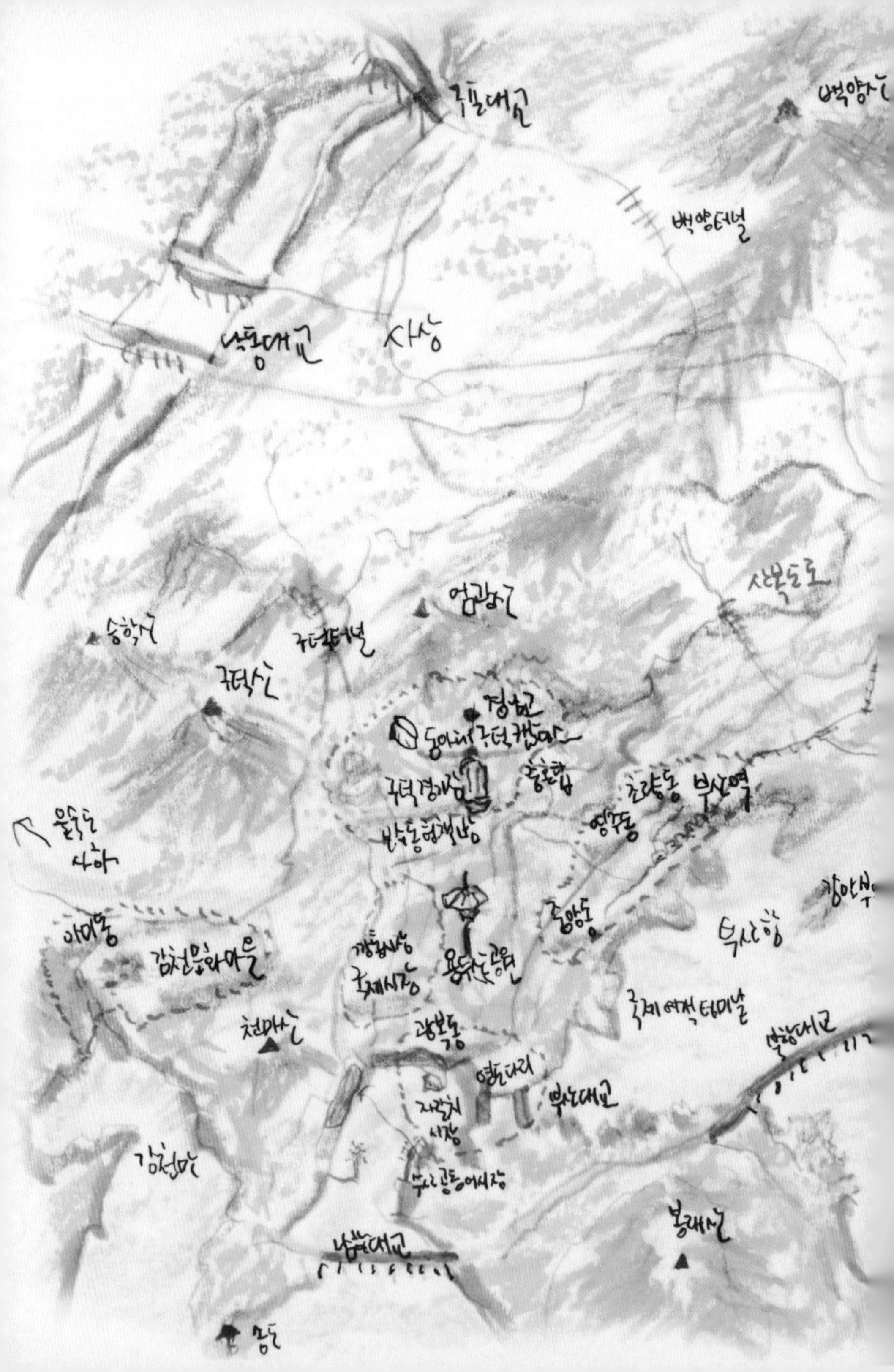

사직야구장

동래

부산광역시청

장산

수영

함경사
황령터널

대연터널

광안대교

누레마루

대연동
돼지국밥

하운데

아기여공원

용능동

대한민국
현대사의 용광로,
부산

신성어
루데이어

오룩도

부산

피란 시절 자갈치 시장에서 본
영도다리와 봉래산

열정의 공간은 슬픈 시간도
어루만지는 힘이 있다

'이별의 부산 정거장'이 있었던 중앙동中央洞에 왔다. 빛바랜 부산역
사진 앞의 헐벗고 체념한 듯한 신산한 삶이 청동상으로 놓여 있다.
중앙동. 동네 이름도 참 편의적이고 메말랐다. 1910년 전후 일제의
대륙 진출 전초 기지로 바다를 메워 생긴 '새 마당'이었으니 부산의
중앙임을 내세우고 싶었던 게다. 인근의 덩그만 산등성이를 부두 노
동자의 피와 땀으로 까부숴 땅을 다지고 그 위에 '삐까번쩍'하게 역

40계단 앞 중앙동 초입엔 피란 시절 가난했던 삶이 청동상으로 남아 있다.

을 지었다. 네오 클래식 스타일의 역사를 짓고 북으로 북으로 철길을 깔았으니 서글픈 우리 근현대사가 시작된 가슴 시린 땅이다.

1970년 10월 초, 우리는 경주와 해운대에 들렀다가 부산역에 내렸다. 인생에서 가장 풋풋한 나날인 고등학교 수학여행이었다. 불과 몇 달 전까지 '서울 가는 십이열차' 떠나던 부둣가의 그 역은 아니었다. 애초부터 종착역이었던 초량草梁 부산역 광장에서 선생님의 훈계가 이어졌다. "우리 근대 역사의 아픈 상처가 아직도 남아 있는 부산이다. 일본 제국주의가 우리 땅을 점령하고 대륙 진출의 교두보로 삼았던 곳이 바로 부산이다. 딱 다섯 시간 자유 시간을 주겠다. 광복동, 영도 다리, 자갈치 시장 등을 둘러보고 오후 4시까지 이 자리로 돌아오면 된다."

자율 같았지만 대단한 파격이었다. 밥 잘 먹고 돌아서서 싸움질 일삼던 고등학교 2학년 아이들을 용광로 같은 그 큰 부산 시내에 풀어놓은 것이다. 지금 생각하면 한 해 전인 1969년 바로 위 선배들의

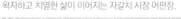
왁자하고 치열한 삶이 이어지는 자갈치 시장 어판장.

부산역 해프닝을 헤아린 '선생님들의 속 깊은 배려'가 아니었을까.

1969년 9월 중순, 혜화동 로터리 동성고등학교 3학년 선배와 우리 1학년은 교문을 맞대고 경찰과 대치 중이었다. 3선 개헌 무효 시위였다. 담장 하나로 이웃하고 있는 서울 문리대 영향을 받아 시국 이슈에 적극 나섰던 고등학교였다. 하긴 4·19 의거 때도 고등학교 로선 최선봉에서 경무대로 진출했던 리버럴한 학교였다. 장면(張勉, 1899~1966) 전 총리가 교장으로 재직했고, 김수환(金壽煥, 1922~2009) 추기경이 재단 이사장이었던 학교였으니 진보적인 교육관이 짙었다. 곧바로 다음 날부터 무기 휴교에 들어갔다. 그때 2학년 학생들은 경주, 부산에서 수학여행 중이었다. 1학년과 3학년의 '용전분투'에 자극받은 2학년들은 부산역 앞에서 '원정 시위'를 벌였다. 아니나 다를까 모든 일정이 취소되고 학생들은 열차에 태워져 서울로 호송된다. 서울역에서 강제로 귀가 조치되면서 그 길로 면벽 수행에 들어갔다. 풍경을 즐기는 것보단 이념을 선택한 끈끈한 연대였다. 사족이지만 그해 3학년은 대학 입시에서 걸쭉하게 죽을 쑤었다.

아마 한 해 전 선배들의 불행을 후배들에게 보상해주고 싶었던 게 아니었을까. 자유 시간이었지만 선생님들은 최소한의 안전장치를 해놓고 해방시켰다. 교모, 교복을 간간히 챙기고 한 팀당 '범생이'를 끼워 넣었던 것이다. 우리 일행엔 물론 모범생도 있었고 학교를 대표하는 운동선수들도 있었다.

1960년대 후반 혜화동로터리

명륜동 사우비

뱅뱅중교

샘밭동 마겨터

경신중교

성균관대

혜화초교

혜화동

허물어진 성곽

대병원장 공란

명륜동

소피아독서실

돌암동

우체국

성곽

아카데이 빵집

전찻길

동양서림

혜화동로터리

혜화동성당

경원

우연의대

혜화동분수대

가톨릭 신학부 -대신학교

전차길

전차

동성중교

종로5가

명륜극장

상명은행

서울대 병원

자취방

서울의대

운동장

서울 문리대, 본부

향촌원

창경동가

낙산시영 아파트

동숭동

부산 영주동 산복도로의 '오름길 모레일'
2014. 6월개통

　'서울 촌놈'들은 광복동, 남포동, 자갈치 시장 등을 쏘다니며 남녘 항구 도시의 정취에 빠져들었다. 그때만 해도 부산 여고생들은 서울 남학생에 호기심이 많았던 것 같다. 용두산 오르는 길도 동행해주고, 영도 다리도 안내해줬다.

　한 친구가 제안한다. 우리 모두 스포츠깨나 좋아하니 구덕九德 경기장을 가보자. 당시엔 광복동에서 버스를 타면 십중팔구 종점은 동아대학교나 구덕 경기장이었다. 2년 전에 운행이 중단된 전찻길 흔적이 군데군데 남았던 기억이 아련하다. 동아대 구덕 캠퍼스 어귀 한편에 기념물로 놓여 있는 전차 한 량도 어렴풋이 보았던 기억이다. 혜화동 로터리 분수대를 빠져나가던 전차 모습이 선명하게 남아 있던 당시였기에 전차에 대한 추억만큼은 각별했다. 구덕 야구장에서는 부산시 고교 선수권 대회가 열리고 있었다. 제한된 시간에 쫓기다

1968년까지 서울, 밖의 주요한 대중교통 전차

보니 입장은 아예 포기했다. 철문 너머로 센 바다 사투리만 들려왔
다. "쎄리 능기라 팍."

1975년 초여름, 종강은커녕 중간고사도 마무리하지 못한 상황에
서 대학은 또 휴교에 들어갔다. 유신 시절 대학 등록금은 정말 허당
이었다. 걸핏하면 문을 닫았으니 반값 등록금도 아까웠다. 부산 출신
동기들은 미련 없이 고향으로 내려갔다. 그러니 부산에 가면 며칠씩
빌붙어 묵을 곳이 꽤 있었다. '정보과 아저씨들의 가자미눈'도 피할
겸 부산행 기차를 탔다.

모든 게 불확실하고 마음이 우왕좌왕할 때 젊은이들은 으레 바다
로 간다. 나를 어디론가 연결해줄 것 같은 항구라면 더욱 좋다. 가난
한 사람들이 왁자하게 부대끼며 살아가는 시장이 있고, 숨 막히는

사상
을숙도, 사하
구덕
보수동책방골
깡통시장
부평시장
국제시장
족발골목
용두
비프·BIFF 광장
송도
자갈치사거리
광복로 쇼핑거리
주차장
에스컬레
자갈치시장
남포동역
영도대교
영도

국제시장 · 깡통시장 · 자갈치시장

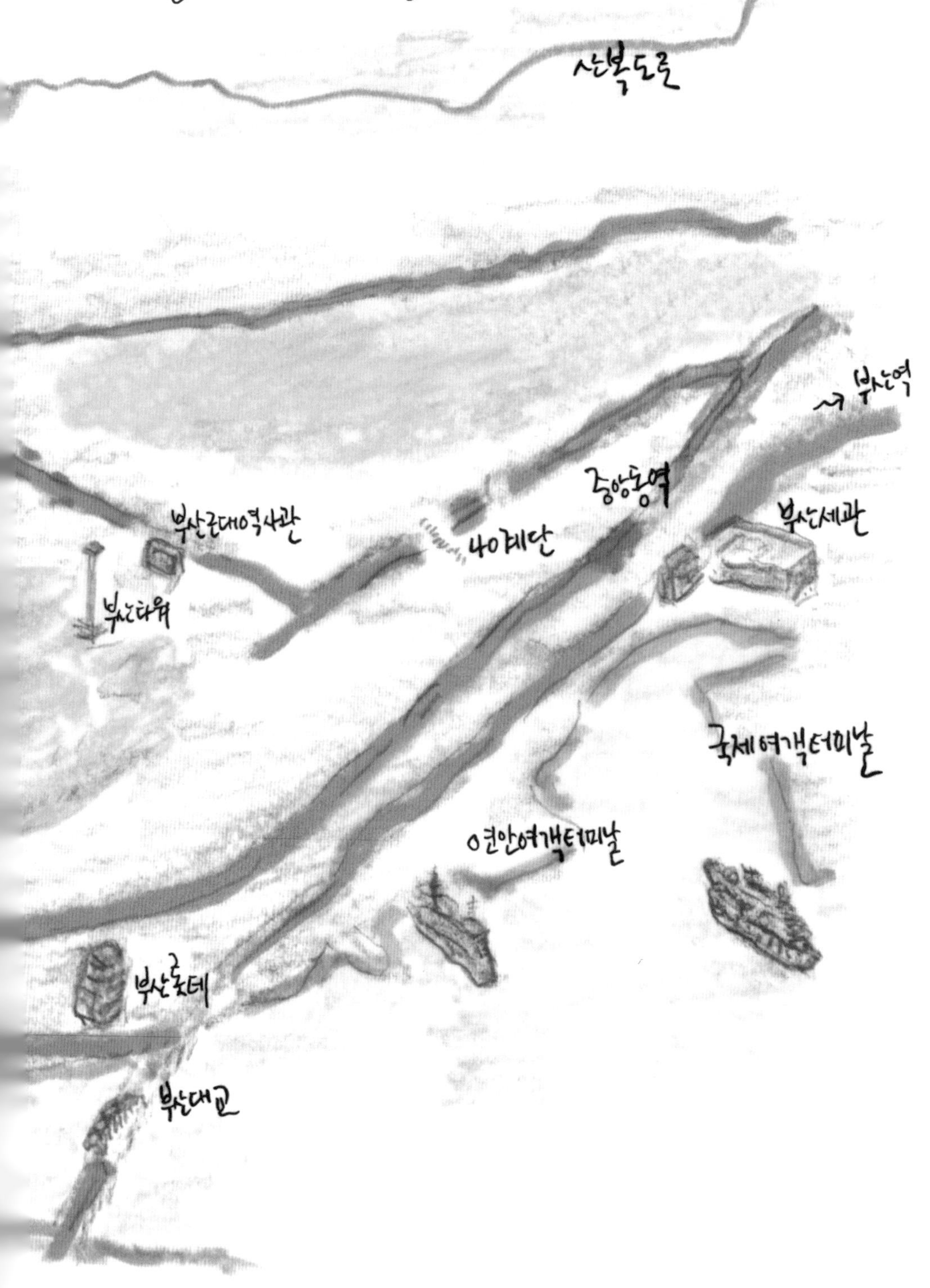

산복도로

부산역

중앙동역

부산근대역사관

4계단

부산세관

부산타워

국제여객터미널

연안여객터미널

부산롯데

부산대교

일상보다는 불끈불끈 용솟음치는 거친 현장이 있다면 금상첨화다. 그곳이 남쪽에 있었다. 부산이었다.

바다로부터 밀려오는 개방성과 그걸 버무려 현실에 적응시키는 다양성이 있다면 더더욱 매력 덩어리임에 틀림없다. 관념적인 서울보다는 흥청대는 즐거움을 주는 부산이 정말 좋았다. 청사포靑沙浦나 광안리 해변에서 여름 초입의 끈적한 바람을 맞으며 부산의 여학생들과 속절없는 웃음을 주고받는 나날이었다. 프로야구 출범 전 고교 야구가 인기를 누릴 때였으니 때론 구덕으로 스며들어 고교 야구를 즐겨 봤던 기억도 가물가물하다.

1979년 11월 초순, 대통령 국장이 며칠 전 끝났다. 광화문 모퉁이 모 신문사 현관에 나붙은 먹방(붓글씨로 쓴 합격방)을 허망하게 쳐다보고 있었다. 아흐레나 진행된 국장 기간 내내 그 언론사의 시험 기간이 앞서거니 뒤서거니 겹쳐졌다. 세종로 양편을 물들인 국화와 국장 분위기를 스케치했던 부산함도 막을 내렸다. 그렇다면 일 년을 기다려야만 하는가.

그때 또 부산으로 내려갔다. 아픈 시간을 바닷속에 수장하고 싶었다.

108　　전 직장에서 알게 된 지인이 부산 집에 같이 내려가자고 한다. 기분 전환이라도 하자는 따뜻함이 서려 있다. 우린 자갈치 시장으로 향했다. 그때만 해도 날것을 별로 먹어본 적이 없었다. 회덮밥에도

듬뿍 양념장을 쳐 넣어야 했던 숙맥이었다. 그러니 타닥타닥 타들어 가는 소리가 좋아선지 곰장어 구이가 입에 친근히 달라붙었다.

소주는 기분 좋을 때보다 가슴이 시리고 타들어갈 때 착착 감기는 법이다. 초저녁부터 걸친 소주 몇 잔에 송곳 같은 세상은 이내 두루 뭉술해졌다. 벌써부터 낭만도 운치도 사라진 뻗정다리 영도 다리 위로 가로등만 껌벅껌벅거리고 있었다. 그래도 추적추적 내리는 만추의 비 사이로 바라보이는 바다 건너 남항 선착장은 아름다웠다. 옆자리 우리 또래 젊은이들도 불쾌한 얼굴로 의기롭게 내뱉는다. "유신 정권은 우리가 무너뜨린 기라." 부마항쟁釜馬抗爭이 있고 일주일 후 '10·26 사태'가 벌어진 것이다.

지인은 부산서 태어났지만 아버지는 대전에서 한국전쟁 중 내려왔다고 했다. 아버지는 수산 유통업에서 자리 잡아 지금은 꽤 재산을 모았다고 했다. 부산에는 참 다양한 지방 사람이 몰려왔었다. 1·4 후퇴로, 그리고 마지막까지 밀리면서, 무려 50만여 명이 전쟁 직후 부산으로 몰려들었다. 부산 토박이들은 곧잘 부산을 '뿌리 없는 떠돌이들이 사는 도시'라고 자조한다.

그러나 생각을 달리하면 얘기는 달라진다. 뿌리 없음이 오히려 다양성으로 발전했고 나아가 다이내미즘을 일궈낸 것이 아닐까……. 갈 데까지 밀려 내려간 절박감이 외려 해양으로 눈을 돌리는 진취적인 문화를 창조한 것이다. 지인은 나보다 더 톤을 높였다. 그날 우리는 이미 과거로 흘러간 질곡의 통과의례를 벗어나고 있었다.

1985년 5월, 신문사에서 주관하는 '21세기 경제 과학 특강'을 진행하러 차로 대신 공원 언덕을 오르고 있었다. 경남고등학교를 방문하기 위해서다. 교장 선생님을 비롯해 많은 선생님들이 교문 앞까지 마중 나왔다. 서대신동西大新洞 쪽의 구덕 야구장이 햇빛에 반사되어 희부옇게 둥글뭉수레하다. 1982년 프로야구 출범 이후 3년 동안 '부산 롯데'의 홈구장으로 쓰인 야구장이다. 점심 자리에서 1984년 한국 시리즈 얘기가 나왔다. 선생님들 신이 났다. 이 학교 출신 최동원(崔東源, 1958~2011) 투수가 혼자서 4승을 거머쥐어 세계 프로야구 사상 불멸의 기록을 세웠으니 말이다. 그것도 페넌트레이스에서 우승한 대구의 삼성이 선택한 팀이 기적적으로 뒤집었으니 부산은 말 그대로 광란의 도가니였다.

당시엔 대구 출신들이 대한민국을 쥐락펴락하는 제5공화국 절정기였다. 대통령도 대구요, 군 수뇌부도 TK였던 '대구·경북의 시대'였다. 전통을 중시하는 권위적인 내륙 문화는 장사 기질로 실익이나 추구하는 '잡동사니 부산'을 업신여기던 시절이다. 더구나 1985년 2·12 총선에서 야당 돌풍을 일으킨 주역 중의 한 명, YS가 바로 부산

출신이니 부산은 솥뚜껑이 날아갔다. 부산이 불산이 됐다. 1986년부터 그 불은 점잖은 동래東萊로 옮겨붙었다. 야도野都 부산이 아니라 야광野狂 사직 시대가 열린 것이다.

2011년 8월 초, 더위가 절정으로 치닫던 시기, 미처 보지도 못했고 경험하지도 못했던 부산 투어를 기획한다. 그것도 초·중·고·대학 모두를 부산에서 다닌 출판계 선배 한 분과 같이 하니 뱁새가 날갯죽지를 단 기분이다. 정오가 다 되어 KTX 부산역에 내린다. 해양성 기후 부산에도 말복 더위는 기승을 부렸다. '바르게 살자. 바르게 살면 미래가 보인다.' 천연덕스런 표어가 찜통더위를 더 끌어올린다.

택시를 타고 대연동大淵洞 돼지국밥집 동네로 간다. 불볕더위에도 한 돼지국밥집 앞 보도에 줄이 길게 늘어섰다. 해운대에 놀러 왔다 굳이 찾아온 타지 사람들이다. 스마트폰은 입맛도 부화뇌동, 전염시키는 힘이 있다. 맑은 국물에 선연히 뜬 돼지비계가 부담스러웠는지

• 부산釜山의 '釜'는 가마솥을 뜻한다.

2011년 여름, 용호동 언덕엔 고층 아파트가 까마득한 성채처럼 벽을 쳤다. 그 아래 멍게 아지매들의 억척스런 삶과 대조를 이룬다.

세상의 모든 석까 흥집함! 부산 감천2마을

반도 못 비운 채 설거지통으로 내몰린 국밥이 꽤나 된다.

어쩌다 돼지국밥은 부산을 대표하는 음식으로 가야밀면, 동래파전 반열에 끼었다. 원래 돼지 부속으로 만드는 요리는 순댓국처럼 '돼지'라는 단어가 숨어든다. 그런데 돼지국밥만큼은 거리낌 없이 당당하고 솔직하게 드러낸다. 돼지국밥도 딱 부산을 닮았다. 한국전쟁 후 미군 부대에서 내몰린 돼지비계 등을 1·4 후퇴로 부산에 정착한 이북 사람들이 궁합을 맞추고 부추, 마늘 등 양념을 곁들인 것이 돼지국밥의 시초가 됐다는 설이 유력하다. 부산의 잡연성雜緣性을 극명히 보여주는, 패자 부활로 거듭 태어난 특식이다.

112

서럽게 고립됐던 용호동龍湖洞(나환자촌이 있던 지역) 바닷가에 고층 아파트가 번듯이 치솟으며 세상이 바뀌었음을 선언한다. 부산에서 가장 후미지고 천대받던 슬픈 땅이 부산의 돈줄로 나섰다. 신선대 부두가 위용을 드러낸다. 그 아래 오륙도 해맞이 공원 들머리에 해삼, 멍게 난전이 궁핍했던 용호동의 잔영을 보여줄 뿐이다. 2011년 여름의 풍경이었건만 지금은 상전벽해로 팔자를 바꾸었다.

부산 사람들의 태반이 산동네에서 사는 것 같다. 집집마다 머리에 노란 물통 하나를 이고 옹색한 땅뙈기를 참 잘도 이용했다. 가난은 공간을 요리할 줄 아는 치열함을 지녔다. 궁핍한 물통도 시간의 기억 속에선 아름답게 빛나는 재주가 있다. 1970년대 이후에나 지금 같은 슬래브 집으로 개선되었지 1950, 60년대에는 그냥 판잣집이다.

산동네의 치열한 삶의 현장이 한순간 불길로 사라졌다. 1953년 정월엔 국제 시장이, 그해 11월엔 부산역 앞 영주동瀛州洞 산동네가 잿더미로 변했다. 1954년 연말엔 용두산 피난민촌에 불덩이가 훨훨 날아다녔다. 이쯤 되자 행정 당국도 토속신앙에 매달린다. 1955년 정월 대보름엔 부산시 당국자들이 용왕님의 힘을 빌려서라도 화재

감천 마을 입구의 태극도 본부.

를 막으려 한다. 용두산에 '화재 예방비'가 그렇게 세워졌다. 숱한 화재는 전란의 찌꺼기를 태워버렸다.

기회를 엿보던 부산시 당국은 산동네 재정비에 박차를 가한다. 떡본 김에 제사 지내는 꼴이다. 용두산 인근 보수동 산비탈에 있던 태극도 집단 마을은 그해 7월 강제 이주가 결정된다. 감천만甘川灣이 내려다보이는 천마산 기슭으로 약 800세대의 보금자리가 마련된다. 감천의 감甘은 원래 검을 뜻하는데 검은 곧 신神을 말한다. 신기神氣 어린 마을에 태극도 본부가 들어서니 마을은 전국에서 몰려든 교도들로 빠르게 북적댔다.

태극도 본부의 집 짓기 지침도 있던 차에 좁은 땅을 억척스럽게 가꿔나가는 극복의 삶이 이어지면서 마을은 그런대로 형태를 갖춰간다. 삐뚤빼뚤하면서도 양지바른 집 꼴과 도로가 놓여졌다. 그 당시 어떤 산동네 마을보다 공동체적 정신이 빛났다. 앞집 지붕은 뒷집 마당이 되고 옆집 땅은 윗집의 길이 되었다. 공생의 이치를 터득한 것이다. 언덕배기에 포개진 종교의 힘은 신실했다.

2009년, 세상은 온통 '마을 미술 프로젝트'가 넘쳐났다. '꿈꾸는 맞추픽추', '미로 미로 골목길' 등 실험적 프로그램이 감천 마을에 들어왔다. 스마트폰 열풍으로 국내를 넘어 세계의 주목을 받는 탐방지로 변모했다. 세상에 이보다 더 극적 반전을 이룬 마을이 있을까. 새옹지마의 표본이다.

북망산 쪽으론 왜인 귀신 마을인 아미동峨嵋洞이 자리 잡았다. 아미동은 일제 강점기 일본인들이 묻힌 공동묘지 위에 세워졌다. 일본인만 사용한 화장터도 있었다. 한국전쟁 후 인근 자갈치 시장이나 깡통 시장 등에서 좌판을 펴며 하루하루 힘겹게 살아갔던 피난민들의 터전이었던 것이다. 얼마 전까지만 해도 공동묘지 비석과 상석을 기초로 그 위에 방을 덧대 살았던 처절한 흔적이 남아 있다.

아미동 비석 문화마을 푯말

　'비석 문화 마을'이란 팻말이 이채롭다. 비석에도 문화를 입히는 '문화 전성시대'에 우린 살고 있다. 슬픈 시간도 긴 잠에서 깨어나 새로운 삶으로 펼쳐지는 공간의 마법을 보고 있는 듯하다. 조상의 유허遺墟를 더듬는 일본인들이 지금도 심심치 않게 찾아드는 그런 동네다.

아끼골_비석 문화마을 탐방로

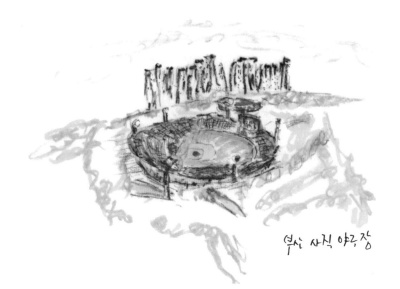

부산 사직 야구장

　사실 이번 여행은 사직 야구장에서 주말 두 게임을 관람하는 것이 주목적이었다. 플레이볼 두세 시간 전인데도 벌써부터 줄이 길게 늘어섰다. 플레이오프 턱걸이도 힘든 상황인데 열기는 뜨겁다. 1루석 중간쯤에 자리 잡았다. 오십 대 초반의 한 사내가 말을 걸어온다. 대낮부터 마셔댔는지 얼굴이 벌겋게 달아올라 있었다. "아저씬 언제부터 야구를 좋아했셔." 눈꺼풀은 이미 풀려 있었고 혀는 잔뜩 돌아가 있었다. "난 박노준 때문에 야구에 빠져……." 말도 제대로 잇지 못한다. 부산 사투리가 아닌 걸 보니 타지 사람이었다.

　다행히 제자리를 찾아온 젊은 커플 덕분에 경기를 제대로 감상할 수 있었다. 사직 야구장은 여름에 해운대에 놀러 왔다 곁다리로 들르는 코스로 이미 자리 잡았다. 합창하며 소리치고 몸을 비트는, 박수무당처럼 펄쩍펄쩍 뛰는 사직이었다. 야구 경기를 봤는지, 쇼를 봤

116

는지, 지상 최대 라이브 노래방 때문에 혼비백산했던 여름밤이었다. 그날 밤 롯데는 삼성을 6회까지 10대 2로 이기고 있었다. 전날 롯데는 삼성에게 영패를 당했다. 그러나 그건 어제 일, 부산 갈매기들은 어제보단 오늘에 집착한다. 택시 기사도 선술집 아지매도 게거품을 무는 야구 해설가로 변한 열광의 밤이었다.

2008년부터 3년간 부산 사람들에겐 한 주일이 7일이 아니었다. 롯데 자이언츠(이하 롯데로 약칭)가 이긴 날, 패한 날, 그리고 경기가 없는 월요일, 단 3일뿐이라는 얘기다. 과장됐지만 함축적 은유가 정곡을 찌른다. 이는 롯데에 대한 부산 사람들의 끝없는 애정을 의미한다. 롯데가 연승이라도 하면 아연 시장이 활기를 띠고, 연패의 늪에 허덕이면 시름시름 우울한 표정들로 뭘 사지도 먹지도 않는다는 얘기다.

포스트시즌이라도 진출하면 단번에 1500억 원을 웃도는 소비가 늘어난다는 통계도 있다. 한마디로 '롯데 자이언츠 효과'다. 한 문화평론가는 말한다. 부산 사람들은 그 긴긴 겨울을 무얼 하며 보내는지 궁금하다고. 이런 열성 팬들을 사람들은 '부산 갈매기'라 부른다. 쌀쌀한 날씨에도 불구 특유의 주황색 쓰레기봉투로 상투를 틀고 사직 야구장을 메운다. 일종의 '종교 행위' 같다고 말하는 사람도 있다. 롯데 선수들은 부산 갈매기들의 이러한 열망에 화답이라도 하듯 시범 경기에서는 압도적 1위를 달성한다. 자조적인 용어인 봄데(봄에 잘

117

하는 롯데), 시범데(시범 경기 때 잘하는 롯데)가 여기서 비롯된다.

부산 갈매기와 팀은 이렇게 유전적으로 닮아 있다. 흔히 롯데 팬들을 거론할 때 '모태 신앙 같은 것'을 들먹인다. 기독교 집안에서 태어난 아이가 세례를 받고 자연스레 교회를 가듯 대를 이어 야구장을 찾는다는 것이다. 사직 야구장에서 종종 보게 되는 '모태 롯데' 피켓은 이런 해석을 간명하게 보여준다.

'모태 롯데'의 연원을 들춰보자. 부산 야구는 역사가 깊다. 열성 팬이 태어날 수밖에 없는 이유가 얼추 반세기를 훌쩍 넘겨서부터 내려왔다. '할아버지 갈매기', '아버지 갈매기' 세대들부터 야구 열기는 뜨거웠다. 지리적으로 부산은 일본에 참 가깝다. 쓰시마 섬은 후쿠오카보다 부산에 인접해 있다. 그러니 90년대 초반까지만 해도 일본의 공중파가 선명하게 잡혔다. 일본의 야구 열기와 기량 등은 부산 땅에 친숙하게 내려앉았다.

자연스레 부산 지역엔 야구 명문교가 앞다투어 생겨났다. 게다가 그 야구 명문교는 공부도 썩 잘하는 명문 그 자체였다. 경남고, 부산고, 부산상고 등이 바로 이 학교들이었다. 부산·경남 지역에서 공

쓰레기봉다리 속의 무아지경.

부깨나 한다는 학생들이 모여들었다. 수많은 지역 리더들이 배출된다. 야구는 부산의 정체성을 결정짓는 최우선의 가치였고, 상징이었고, 웬만한 이야기의 테마가 됐다. 부산 지역 신문이 주최하는 화랑대기花郎大旗 고교 야구는 중앙 무대 대회와 견주어도 손색이 없었다. 1970, 80년대 고교 야구 전성기에 이들 학교가 끼친 영향력은 만만치 않았다.

정치적으로 엄혹했던 1982년, 집권 세력은 쪼들렸던 국민을 달래기 위한 분출구를 마련한다. 프로야구를 출범시킨 것이다. 불과 3년 전 부마항쟁으로 짓눌렸던 '도시의 잠재성'은 구덕 야구장에서 용출된다. (광주 시민들의 '해태 타이거즈'에 대한 열정과도 비슷하다.)

야구는 투수 놀음이라는 말도 있다. 투수의 강속구에 헛방망이만 돌 때 '세상에 재미없는 게' 야구 경기다. 상당 시간 절간같이 조용해 심신이 풀리기 일쑤다. 그러다 갑자기 뜨거워진다. 바로 이것이 부산 사람들의 기질과 매우 닮았다. 시쳇말로 '뱃놈 성깔'과 흡사하다. 이러한 지리적 조건 속의 고교 야구 열풍, 정치적 의도에 의한 분출구로 부산 사람들은 롯데를 온전히 빨아들였다. 1세대 부산 갈매기들

영화 〈해운대〉에서 술 취한 광팬(설경구 분)이 이대호에게 시비를 거는 장면.

모태 롯데 아빠와 아들의 애절한 문구,
88885577은 트라우마 일까, 기우 일까

은 이런 토양 속에 롯데와 부산을 동일시해나갔다.

출범 3년째인 1984년, 최동원이라는 불세출의 투수가 등장한다. 페넌트레이스에서 무려 27승(현재의 133게임에 비해 당시는 100게임)을 따내고 한국 시리즈에서 홀로 4승을 챙긴다. 최동원 때문에 롯데 '광팬'이라는 용어가 처음으로 등장한다. 이를 계기로 최동원은 소진돼 간다. 그런 흐름이 팀 컬러로 상당히 작용하기도 한다.

92년도에도 한국 시리즈를 거머쥔다. 페넌트레이스에서 3위에 머물렀던 팀이 미친 듯이 치고 올라가 우승했으니 부산은 그야말로 뒤집혔다. 관중 동원에서도 홀로 120만 명을 기록하니 당시로선 상상할 수 없는 숫자였다. 이때도 윤학길과 염종석이라는 걸출한 투수가 부산 갈매기들을 열광시켰다. 롯데 팬들을 '사교 집단같이 몰입하는 사람들'이라는 말이 나온 것도 이때쯤이다. 대충 이때까지를 '1세대 갈매기의 시대'라고 칭한다.

그러나 그때까지 응원 문화는 투박하기 이를 데 없는 상투적인 고함이 전부였다. 상대 팀에 대한 배려도 이해도 부족했던 일방의 시대였다. 그래도 이때까지는 부산이 태생적으로 갖고 있던 '야구적 수월성과 열정'으로 근근이 버티던 시기였다.

썩어도 준치라고, 그래도 1995년과 1999년에는 준우승까지 한다. 세기말 99년에 벌어진 플레이오프에서 삼성과 맞닥뜨린다. 1승 3패로 벼랑 끝에 내몰리면서도 내리 3연승. 그것도 모조리 6대 5, 한 점

차로 승리한다. 부산은 용광로처럼 들끓는다. 파국을 예고하는 축제는 곧잘 장엄하고 드라마틱한 법이다. 처절한 죽음의 서곡은 일견 아름답고 절정의 미학을 과시한다. 그리고 이내 석양으로 사라진다. 이후 깊은 나락으로 빠져든다.

2001년부터 내리 4년간 꼴찌를 하면서 전무후무한 숫자의 나열 '8·8·8·8·5·7·7'은 이어진다. 팬들은 떠났다. 심지어 2002년엔 한 경기 최저 관중 69명으로 이전의 기록을 슬쩍 갈아치운다. 냉정과 열정의 진폭은 항상 가파를 수밖에 없다. 뜨거운 사랑은 차디찬 이별을 예고한다. "신은 부산에 최악의 팀을 내렸지만, 그래도 최고의 팬을 두었다." 이때 유행하던 골수팬들의 절규였다. 부산 갈매기들이 자조적으로 붙인 애칭은 '꼴데(꼴찌만 하는 롯데)'였다.

제리 로이스터(Jeron Kennis Royster), 프로야구 사상 최초의 외국인 야구 감독이 나타났다. 도무지 끝날 것 같지 않던 꼴찌 롯데에 두 명의 외국인이 눈을 부라렸다. 패배주의에 사로잡힌 선수들에게 'NO FEAR(두려움은 없다)'를 주입시켜 '자신감 야구'를 이끈 로이스터는 구세주였다. 한 명의 멕시칸도 가세한다. 삼진 후 분을 삭이지 못해 야구 방망이를 제 무릎으로 동강 내는 카림 가르시아(Karim Garcia). 열패적 나르시시즘에 빠진 팀과 팬들에겐 신선한 충격을 가져다준다. 부임 첫해 단번에 포스트시즌에 진출했다. 이른바 '로이스터 효과'였다. 구단 역사상 최초로 3연 연속 가을 야구에 진출하는 쾌거도 이뤄냈다. '갈매기'들에게 세상은 아름다웠다. 흥은 응원 문화에도 새로운 영감을 불러일으킨다.

부산 갈매기들의 응원 스타일이 돌연 진화하기 시작한다. 과거의 응원 문화와는 차원이 달랐다. 융합적이고 창의적인 개성 넘치는 응원이 사직 야구장에 펼쳐진다. 월드 베이스볼 클래식(WBC)에서의 준우승과 2008년 베이징 올림픽 야구 부문 금메달은 야구 열기에 기름을 부었다. 전 국민의 엔터테인먼트가 된 야구는 여성 팬들을 야구장으로 빨아들였다. 남성의 전유물 같았던 야구장에 여성들의 섬세한 감성이 녹아들었다.

이때부터 톡톡 튀는 피케팅과 기상천외한 구호는 사직 야구장을 별천지로 만들었다. 규격화되고 정형화된 응원 패턴에서 인터렉티브(interactive)하고 변화무쌍한 이벤트로 진화해나갔다. '쓰레기봉다리'는 외국인 머리에도 자연스레 얹혀졌다. '마(하지 마 혹은 이놈아 뜻)'라는 기이한 어깨춤의 손동작, 쎄리라(때려라), 아 주라~(공을 주우면 애들에게 주라는 뜻) 등 부산 특유의 사투리 속에 녹아든 푸닥거리 같은 의식도 넘쳐났다. 심지어 푸른 눈의 '마'도 나타난다. 이런 모습은 단지 사직 야구장에서만 볼 수 있는 것은 아니다. 서울의 잠실이나 인천의 문학 구장으로도 옮겨붙었다. 원정 구장에서도 부산 갈매기들의 파도타기는 태연하게 펼쳐진다. 일방적 응원 문화는 쌍방 소통의 몸짓으로 전 구장으로 퍼져나갔다.

피케팅도 사직 야구장에서 본격 시작되었다. 경기에 너무 빠져든 나머지 선수와 자신을 동일시하는 열정은 계속 이어진다. 경기에 자신을 몰입하고픈 적극적 소통 행위로 볼 수 있다. 영화 〈해운대〉에서 이대호가 관중들과 티격태격하는 장면도 이 같은 맥락일 것이다. '지상 최대의 노래방'에서 부르는 '부산 갈매기'는 부산 사람들의 존재 이유가 되었다.

가을 야구에 접어들면 몇 장 안 남은 표를 구하기 위해 사직 야구장 앞에 돗자리를 펴든다. 이쯤 되면 부산 갈매기들은 롯데 '팬'을 넘어 '폐인廢人'이 된다.

그 부산 갈매기들의 롯데 사랑은 양면성을 지니고 있다. 너무 사랑해서 헤어져야만 한다는 유명 배우들의 이혼 변을 닮았다. 좋을 때는 성배의 축제고 나쁠 때는 독배를 강요한다. 2010년 포스트시즌에서 롯데는 좌절했다. 또 감독 경질설이 흘러나왔다. 부산 갈매기들은 돈을 모아 신문에 광고를 냈다. '로이스터를 그대로 두라'고. 어디에서도 유례를 찾을 수 없는 별난 '인사 개입'이다. 롯데 감독은 '축복인 동시에 저주'라는 말이 있을 정도로 벼랑 끝을 걷는다. 프로야구 30여 년 동안 스무 명 가까이 명멸했던 역사가 이를 말해준다.

치밀하지 못하고 격정에 사로잡힌 야구는 승부에서 항상 처질 수밖에 없다. 기적같이 일궜던 지난 3년간의 포스트시즌 진출은 이제 한낱 꿈결 같은 과거로 남았다. 그들의 흥겨운 추임새를 계속 보려면 절제되고 정치精緻한 야구를 해야 한다.

부산 갈매기들이 와글와글하기 시작한다. 밀레니엄을 맞으면서 시작됐던 '8·8·8·8·5·7·7'의 늪이 또 보인다. 그것은 기우에 지나지 않을까 아니면 트라우마로 남을까.

부산 동래구 사직동 930, 사직 야구장은 전 국민이 한 번씩 찾고 싶어 하는 명소다. 지상에서 가장 역동적이고 몰입적인 사직 야구장은 비단 부산 갈매기들의 전유물이 아니다.

젊은 시절 시린 가슴을 다독여주고 용기를 불러일으키던 용광로 같은 부산은 항상 내 마음의 청량제다.

청사포라와 동해남부선

Santorini, Greece

빅뱅은 환상적이고
　　원초적인 풍경만을 연출한다

이아 ⚓

🏖 비치

보우로보우로스
에머덩비클리

피란데마

⚓ 파라

뉴카메니섬

딸리아 카메니

🏖 비치

✈ 공항

엔소괴아

마리나완 선항구 ⚓

피르고스

카마리

계랄로피라

카마리 바치

포로메티 일리아스산

꼬끄야디 일리아스 수맥

고대도시 Thira 🏛

꼬드리 등대 ⚓

마크온티리

엠브리오

페리사

아크로티리 박물관 🏛

페리사 비치

레독비치 ⬆

블라헤다항 ⚓

블라헤다비치 ⬆

산토리니Santorini

시뻘겋고 불온한
근육형의 남성미

꿈결 같은 섬 '산토리니 판타지'는 지금도 이어진다. 새하얀 벽체와
화사한 파랑의 돔은 허니문의 상징으로, 환상 어린 광고 사진의 신
화로, 예능 프로그램 궁극의 배경으로 대체 불가능의 이미지다. 찬란
한 문명을 수천 년 이어오다 돌연한 화산 폭발로 사라진 아틀란티스
라고 세상 사람들이 믿고 있는 섬이다. 나에게 산토리니는 마초적인
남성미로 다가왔다.

미노안 여객선에서 아득히 잡히는 이라클리온.

산토리니 분화구 동쪽은 거대한 공룡이 할퀴고 간 사납기 그지없는 천혜의 직벽이다. 분화구 서쪽은 바다 속으로 빨려 들다 질긴 생명력으로 살아남은 섬 서너 개가 거친 파도를 맞고 있다. 시뻘건 용암은 동으로 동으로 미끄러져 평퍼짐한 구릉지를 펼쳐놨다. 화산토가 비옥하기 이를 데 없어 꼬마 포도밭이 기어 내려간다. '미니 토스카나'를 연상시킨다. 해안가로 덮친 용암은 불온한 색조를 띤다. 지중해의 맑은 공기를 만나, 산화도에 따라 시뻘겋거나 까만 색깔이다. 산토리니의 기존 이미지를 사정없이 전복시킨다. 하얗고 파란 이미지는 여성적이다. 그러나 시뻘건 암갈색조는 다분히 남성적이다. 의식의 반전을 불러일으킨다.

나에게 티라(Thira, 산토리니 원지명)는 영락없는 해마 모습으로 보인다. 딜로포사우루스(Dilophosaurus)* 같기도 하다. 대가리가 작고 목이 가늘고 긴 쥐라기 때의 공룡과 흡사하다. 티라의 엉덩이는 평퍼짐하다. 그 뱃구레에 잡초 하나 없이 솟은 거대한 암산 프로피티스 일리아스(Profitis Ilias)와 고대 티라에 가위가 눌린다. 티라는 근육질 남성

• 쥐라기 초기에 살았던 육식 공룡. '볏이 두 개 달린 도마뱀'이라는 뜻으로 머리뼈 양쪽에 뼈로 된 반달 모양의 볏이 달려 있다.

아티니오스 신항구 절벽에서 본 피라와 이아. 크루즈가 빙하 같다.

상이다.

크레타 이라클리온 항구를 떠난 미노안 여객선의 선미에서 일으키는 포말이 잦아든다. 배는 아티니오스(Athinios) 신항으로 미끄러져 들어간다. 피라 항에 떠 있는 거대한 크루즈들이 빙하처럼 번쩍인다. 러시아, 폴란드 등에서 온 동유럽 관광객들이 해병대 상륙 훈련처럼 배에서 쏟아져 나온다. 다른 배에선 크레타에서 단 한 명도 못 봤던 중국인들이 시위 군중처럼 선착장에 올라온다. 등 떠밀려 오는 장강의 물결이다. 메갈로호리(Megalochori) 삼거리로 지그재그 올라가는 버스들이 장관이다. 까마득한 이아(Oia) 마을이 하얗게 반짝인다. 엉덩이가 움찔움찔, 절벽에서 눈을 뗄 수 없다. 비스듬히 치솟던 지층이 어느새 켜켜한 세월을 품었는지, 가로로 떡시루처럼 차곡차곡 포개졌다. 영겁의 티라가 실감 난다.

산토리니는 그리스 본토 북쪽의 테살로니키 성녀 산타 이레네(Santa Irine)에서 따온 지명이다. 원지명은 티라다. 티라는 원초적이고 관능적이다. 게다가 고대 문명까지 천 년 이상 꽃피었으니 아득한 역사성을 지녔다. 요즘도 그리스에서는 산토리니보다는 티라로 통용된다. 숨이 멎을 듯한 절벽과 그 앞에 펼쳐진 지중해, 신화적인 풍경이다.

메갈로호리 마을의 테르메스 럭셔리 빌라(Thermes Luxury Villas)에 도착했다. 눈이 멀 정도로 모든 사물이 새하얗다. 백색의 유니폼을

입은 두 직원 엘레나와 포포도플리스. 정오의 완벽한 투명에 리듬감도 사라진다. 재빨리 건네주는 오렌지 주스만이 원색일 뿐.

예약 사항을 말한다. 엘레나가 멈칫거린다. "Unfortunately"를 연발한다. 이중으로 예약되었다고 덧붙인다. 옆 마을의 비슷한 숙소로 안내해주겠다고 거침없이 이어간다. 그렇지 않아도 허옇게 쉰 내 머리가 하얗게 정지됐다. 서울의 예약 담당자와 통화를 했다. 엘레나도 서울 여행사에 경위를 설명한다. 현지 예약 에이전시의 실수였다. 어쨌든 지중해의 절해고도絶海孤島에 떨어진 건 나와 나의 아내. 책임 소재니 보상이니 하는 문제는 나중 얘기다. 서양 사람들처럼 바닷가에서 종일 벌거벗고 누워 있을 건가. 어디라도 들어가야 했다.

황망한 꼴을 당하니 말도 더듬고 손발놀림도 엇박자다. 예약했던 렌터카에 시동을 건다. 온갖 사람들에 부대껴서 그런지 변속기조차 삐걱거린다. 심지어 후진 기어는 두드려야 작동한다. '30년 무사고 베스트 드라이버'의 꼴이 말이 아니다. 엘레나를 앞세우고 아랫마을 아크로티리(Akrotiri) 넵튠 빌라로 차를 끌고 간다. 한가한 시간이라 차가 뜸하다. 내리막길이라 진땀깨나 흘린 끝에 도착했다. 처음부터 뒤죽박죽이었다. 돌연 세상에 호락호락한 것은 단 한 개도 없다는 생각이 든다. 다행히 넵튠 빌라 직원들은 친절했고 숙소는 정갈했다. 기막힌 일을 당하고 온 손님을 편안하게 대해준다. 냉장고도 텔레비전도 모두 한국산이다. 프론트 직원은 연신 어디에 전화를 건다. 핸드폰도 메이드 인 코리아다. 익숙한 사물에 이내 안정을 찾는다. 불운의 끝엔 행운도 찾아오는 법. 아크로티리 박물관과 레드 비치가 엎어지면 코 닿을 거리다.

    이 작은 섬에 기원전 3000년경의 고대 유적이 존재한다는 사실이 놀랍다. 고대 문명의 흔적이 있는 아크로티리 유적지를 본다는 것만으로도 즐거웠다. 20헥타르에 걸친 꽤 넓은 지역 고대 티라에 미노스 문명* 붕괴의 한 단서가 이곳과 연관되어 있으니 말이다. 찬란한 문명이 수천 년 동안 이어져왔다는 사실을 접한 건 얼마 전이었다. 크레타를 비롯한 에게 해의 수많은 섬들, 사이프러스, 이집트, 시리아까지 교역을 한 흔적이 있었다니……. 건물 벽에 드러난 프레스코화는 이를 생생하게 증명하고 있다.

    이 문명 역시 지중해 판도를 바꾼 기원전 15세기의 대폭발로 역사

---

* 미노아 문명 또는 크레타 문명이라고도 한다. 그리스의 크레타 섬에 있었던 그리스 청동기 시대의 고대 문명으로 기원전 2700~1500년경 번성하였다.

속에서 사라지게 된다. 대폭발과 지진은 용암을 분출하면서 찬란했던 고대 문명을 바다 속으로, 땅속으로 함몰시켰다. 긴 세월이 흘러 1965년 산토리니 해저에서 성곽이 발견된다. 2년 후인 1967년에는 그리스 고고학자 마리나토스(Spyridon Marinatos, 1901~1974)가 땅 밑에서 이 고대 문명을 들춰낸다. 신화 속 아틀란티스의 한 부분이 아닐까. 상상력은 가설을 부추기고 역사적 사실에 근접한다. 지난 150여 년간 유럽 고대사는 그리스·로마 신화들을 한 꺼풀 한 꺼풀 벗겨내며 역사적 진실로 이어져온 과정이었다. 고고학자들의 꿈은 사실로 증명되었고 신화는 고대사로 편입되었다. 1871년 독일 고고학자 하인리히 슐리만(Heinrich Schliemann, 1822~1890)이 전설로만 얘기되어왔던 트로이를 발굴해냈다. 아내 헬레네를 빼앗긴 스파르타의 왕 메넬라오스와 그의 형 아가멤논이 출정한 그리스 연합 함대의 트로이 공략은 '트로이 목마'라는 신화가 역사적 사실로 드러나는 계기가 되었다.

아틀란티스 전설이 하나씩 하나씩 역사로 접근한다. 미노스 문명이 크레타에서 발굴된다. 미노아의 화려하고 강력한 해상력을 바탕으로 한 문명의 실체는 혹 아틀란티스 문명이 아닐까…… 상상력은

아크로티니 박물관의 프레스코 벽화. 지중해 무역이 활발했던 중심지임을 보여준다.

꼬리를 문다. 그리고 사실로 드러난다. 지중해 문명의 판도를 바꾼 기원전 15세기의 대폭발과 해일은 모든 걸 삼켜버렸다. 곧바로 크레타로 덮쳤다. 더 나아가 이집트까지 밀려나갔다. 그 빅뱅이 찬연했던 아틀란티스를 멸망시킨 게 아닐까? 대폭발은 고대 지중해 문명의 변곡점이었다.

플라톤의 저서 『대화편』 중 「티마이오스(Timaios)」와 「크리티아스(Kritias)」에서 아틀란티스라는 말이 처음 나온다. 이 역시 플라톤이 직접 본 내용이 아니라 솔론이라는 아테네의 현인이자 시인이 여러 나라를 여행하며 주워들은 얘기를 단지 플라톤이 기술한 것이다.

기원전 9500년경 아틀란티스는 바다의 신 포세이돈을 받드는 섬으로, 동그란 모양의 섬과 대륙 들이 존재했다고 한다. 금과 은이 넘쳐났던 섬이라고도 한다. 풍부한 자원과 해상무역을 통해 부를 쌓고 주변을 장악한 문명으로 기록되고 있다. 그러나 어느 날의 대지진과 홍수, 해일로 바다 속으로 홀연히 사라졌다. 아틀란티스 전설은 대서양을 통해 신대륙을 찾으려는 유럽인의 꿈과 모험심을 촉발시킨 계기가 되었다. 그 후 유럽인들은 수많은 기록들을 찾아냈고 학문적

켜켜한 세월을 보여주는 해안 지층. 지질학 연구의 표본이다.

접근을 계속 시도한 결과 다양한 지역이 전설 속의 아틀란티스라고 주장되고 있다.

실제 산토리니의 형성 과정은 흥미진진하다. 초승달 모양의 섬은 신화 속의 아틀란티스 동심원과 흡사하다. 우연인지 산토리니와 크레타 사이엔 변변한 섬 하나 없다. 키클라데스(Cyclades) 제도는 산토리니 북쪽에 오밀조밀 산재해 있다. 태초부터 없어진 것인지 산토리니 폭발로 사라진 것인지 크레타 해는 일망무제 바다의 연속이다.

크노소스 궁전도 1900년에야 영국 고고학자 아서 에반스(Arthur Evans, 1851~1941)에 의해 본격적으로 모습을 드러낸다. 미노스 문명이란 신화가 역사로 편입되는 순간이었다. 크노소스 궁전도 거대한 외부 물리력이 덮쳐 땅속에 묻혀 있었던 것이다. 궁전의 북쪽을 병풍처럼 둘러치고 있는 해발 300여 미터 안팎의 산맥을 거대한 해일이 넘어왔던 것이다. 지금의 이라클리온 바다를 통해서였다. 산토리니 대폭발로 생겨났던 해일이 아닐까? 제법 신빙성 있는 가설이다. 물론 그리스 본토의 미케네 문명에 의해 멸망한 것은 부동의 사실이다.

오른쪽 꼭대기에 선지자 엘리야 수도원이 보인다.

산토리니는 정말 알다가도 모를 섬이다. 제주도 면적의 20분의 1밖에 안 되는 척박하기 이를 데 없는 섬에 왁자한 다운타운 피라가 있고 석양이 숨을 멎게 한다는 이아가 있다. 그리고 허리 아래로 솟구친 약 560미터의 산 프로피티스 일리아스가 있다. 산토리니의 최정상이다. 찻길이 꼭대기까지 수십 차례 굽이치며 오른다. 선지자 엘리야 수도원에서 길은 끝난다.

정교회의 수도원은 하나같이 높은 데 자리 잡았다. 그리스 본토의 메테오라(Meteora), 불가리아의 릴라(Rila) 수도원 모두 산속 깊은 꼭대기로 올라붙었다. 이 세상 어느 드라이브 코스보다 짜릿하고 장쾌하다. 운전자는 허공을 떠갈 뿐이다. 오직 동승자만이 이 압도적인 풍광에 감탄사를 연발한다. 초승달 모양의 산토리니가 한눈에 들어온다. 신과의 대화는 높을수록 그리고 고립될수록 더욱 절실하게 다가오는가 보다. 크레셴도의 기운에서 아래쪽을 내다보면 이젠 데크레셴도의 분위기다. 완만하게 뻗어 내려가는 그믐달과 흡사하다.

프로피티스 일리아스 발밑에 있지만 바다로 꽂히는 메사 보우나(Mesa Vouna)는 그 모습부터가 드라마틱하다. 해발 369미터의 바위산은 헐벗었다. 능선은 나무 한 그루도 풀 한 포기도 없는 북아프리카

카마리 비치.

페리사 비치.

사막 지형을 닮았다.

하긴 우기에는 사하라 사막에서 흙비가 날아들어 지표를 덮었다. 용암 분출로 인한 칼데라 지형 문법에서 벗어난 돌연변이 산이다. 필시 또 다른 지진이 덮친 형상이다. 산토리니 최고의 검은 모래 해변 카마리(Kamari)와 페리사(Parissa) 비치를 좌우로 끼고 옹골차게 솟았다. 그 정상 암반부에 고대 도시가 있다. 승용차만 오를 수 있는 벼랑길은 납량 특집이다. 식은땀만 날 뿐이다. 미끄럼 방지 포석은 차라리 너덜을 연상시킨다. 중간중간 펑크 난 차와 오토바이가 구조를 기다린다. 길도 도시도 능선도 한통속이다.

고대 도시 티라는 기원전 9세기경 본토에서 내려온 도리아인들에 의해 처음 축조된 것으로 추정된다. 그리스 · 로마 시대를 거쳐 초기 비잔틴 시대까지 번영했던 흔적이 곳곳에 남아 있다. 고대 그리스 사람들은 높은 도시 아크로폴리스를 퍽이나 좋아했다. 이곳 역시 1896년 독일 고고학자 게르트링겐(Friedrich Hiller von Gaertringen,

• 그리스어 높은(akros)과 도시 국가(polis)에서 유래한 합성어로 도시 국가 내의 중심이 되는 언덕을 가리킨다.

아프로디테 성역.

1864~1947)에 의해 처음 발견되어 지금까지 발굴이 계속되고 있다. 헬레니즘 시대를 지나 로마 시대 유적까지 곳곳에서 나타난다. 제우스, 아프로디테 등 신화 속의 주인공이 불쑥불쑥 등장한다.

입구부터 그리스답다. 티켓은 구입했건만 표 받는 사람이 없다. 대뜸 신화 속에 나옴직 한 개와 눈을 마주친다. 입구 기둥이 드리운 그늘만큼 배를 깔고 엎드려 있다. 정오의 지중해 태양을 피하는 본능적인 습관일 것이다.

들머리 계단에서 삐져나온 곳에 반듯한 표지석이 드러난다. 아프로디테 성역(Sanctuary of Aphrodite)이다. 흔히 비너스로 알려진 미와 사랑의 여신이다. 산꼭대기니 번개와 천둥이 잦았을 것이다. 동에 번쩍 서에 번쩍하는 헤파이스토스를 끌어들여서라도 번개를 다스리고 싶었을까.

그리스 신화의 우두머리인 제우스 신에게 번개를 만들어준 대장장이가 헤파이스토스다. 아름다운 아프로디테와 못난이 헤파이스토스는 결혼한다. 물론 제우스의 명에 의해서다. 아름다움은 추하고 못

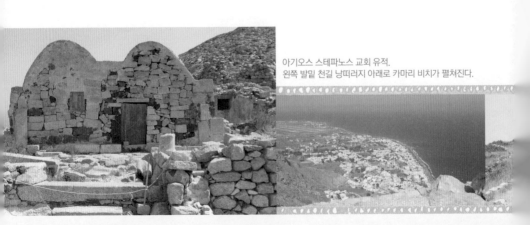

아기오스 스테파노스 교회 유적.
왼쪽 발밑 천길 낭떠러지 아래로 카마리 비치가 펼쳐진다.

생긴 것과 조화를 이루나 보다. 신들의 세계나 인간사나 균형이 깨지면 사달이 난다. 아프로디테는 흔히 여성을 상징한다. 그러면 이곳은 여성들만 들어갈 수 있는 곳인가.

계단 사이로 모래 먼지가 인다. 초기 기독교 유적이 천 길 낭떠러지 위에 오롯이 서 있다. 아기오스 스테파노스(Agios Stefanos)는 대천사 미카엘에게 헌정된 성당 터에 자리한 교회로 6세기 중반에 세워졌다고 한다. 산토리니 최초의 교회다. 8세기 초반에 찾아온 폭발과 지진으로 폐허가 됐다. 그 지진은 이 고대 도시에서 주민들이 떠나는 계기가 됐다.

에게 해에 점점이 뜬 섬들은 이슬람으로부터 끊임없는 위협을 받았다. 교회도 마을도 꼭대기에 붙은 이유다. 아슬아슬 수직 아래 보이는 카마리 비치와 산토리니 비행장이 신들이 그린 기하학적 무늬 같다. 모든 것이 초현실적 풍경이다. 바다 한가운데는 코발트블루인데 까만 해변에 부딪치는 포말은 고래 이빨같이 허옇다. 파스텔 톤 수채화가 여기저기 펼쳐진다. 그야말로 포르노그래픽한 풍경이다. 우리 땅에서 흔히 보아왔던 습윤한 대기 넘어 희뿌옇게 드러나는 에

고대 도시 동쪽 끝의 제단 터.

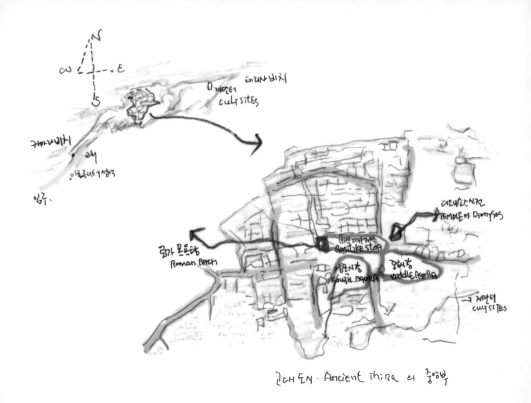

리데돈 · Ancient thira 의 중앙부

로틱한 풍경과 딴판이다.

지난 며칠 동안 에게 해를 날거나 항해하는 동안 나는 변변한 구름 한 점 보지 못했다. 물론 험준한 산악 지형인 크레타는 예외였지만. 뜨거웠으나 무더위는 없었다. 지중해성 기후를 온전히 체감한다. 건기의 태양은 웬만한 생명을 누렇게 변색시켰다. 그 외엔 어디가 바다이고 어디가 하늘인지 천지가 파랗다. 아스라한 연블루가 수평선이라고 짐작할 뿐이다.

포르노그래픽한 풍경이 그대로 이어졌다. 산도 벗고 들도 벗고 바다도 벗었으니 사람들도 벗었다. 해변의 서양인들은 태양을 향해 벌러덩 누워 있다. 자연을 닮은 파라솔에서 밤이슬만 피하면 그만이다. 애써 피부를 그을리며 해바라기 중이다.

이미 티라 유적을 둘러보고 내려오는 미국인 할아버지도 반바지만 걸쳤다. 폐허가 된 신과 제단을 만나는 데 의관을 갖출 필요는 없겠지. 신들이 또 부아가 났는지 흙먼지가 날린다. 저 아래에선 미풍도 없었는데 애먼 내 벙거지만 날아간다. 소나무는 억척이다. 바람결 따라 누워 생명력을 이어간다. 순리를 따르며 적자생존을 배웠다.

로마 욕장(Roman Bath), 중앙 시장(Middle Agora), 디오니소스 사원(Temple of Dionysos)이 차례로 나타난다. 고대의 일상에서도 술은 안 빠진다. 포도주의 신 디오니소스가 시장통 중심에 떡하니 자리 잡았다. 그리스, 로마, 비잔틴 1,500년을 이어온 영화를 보여준다. 도시의 남동부엔 톨레미 3세의 성역(Sanctuary of Ptolemy 3), 아폴론 사원(Temple of Apollo Pythios), 이집트 왕들의 성역(Sanctuary of Egyptian Gods), 그리고 극장 터가 나타난다. 로마 제국의 위용을 실감한다.

남서쪽으로는 재단 터가 반듯하다. 이번엔 페리사 비치가 한눈에 빨려 든다. 물이 귀했을 텐데 사방을 둘러봐도 샘터는 흔적도 없다. 어디선가 호각 소리가 들려온다. 산꼭대기라 그런지 일찌감치 문을 닫는다. 오후 3시가 채 되기도 전에 입장도 안 된다. 고대 티라는 다시 정적으로 빠져든다.

143

서둘러 내려가는데 고양이 가족이 망중한을 즐긴다. 얘들도 한낮엔 태양을 피해 시에스타를 즐기나 보다. 지중해 태양은 모든 생명 체들을 그늘 속으로 숨어들게 한다. 비스듬한 소나무 그늘에서 낮잠 을 즐긴다. 동물들은 본능적으로 순리적인데 인간들은 허구한 날 역 리를 저지른다. 카마리 비치의 나신들은 자연에 맞서고 있다. 하긴 햇볕이 귀한 저 북유럽 사람들을 탓할 수 있으랴마는……

천상 세계에서 구불구불 내려온다. 현실의 카마리 마을이 다가온 다. 고대로의 시간 여행은 모든 생리도 흐트러뜨렸다. 갑자기 허기가 찾아온다. 그리스·로마의 온갖 신들을 만났으니 시공이 다른 차원 이었다.

한국인들이 카마리 비치에만 오면 들른다는 중국집으로 들어선 다. 해물 볶음밥으로 유명한 곳이다. 점심시간을 한참 지난 한가한 시간이었다. 예닐곱의 중국 관광객들이 막 식사를 마쳤나 보다. 주 변을 아랑곳하지 않고 톤을 높인다. 포만감 때문인지 옥타브가 점점 올라간다. 손님이라곤 우리밖에 없었으니 거칠 게 없었으리라. 젊은

카마리 비치의 중국 식당 '키위 레스토랑.'

여성 가이드에게 어디서 왔냐고 물어본다. 중국 닝보寧波에서 왔단다. 그러면 그렇지. 돈이 많아 보인다. 닝보는 저장성에 위치한 항구 도시로 예부터 무역이 활발한 부자 도시였다. 1976년 신안 앞바다에서 발굴된 해저 유물선도 닝보와 고려, 일본을 오가던 무역선이었다.

가만 보니 어제저녁 늦게 피라 외곽 식당에서 만났던 사람들 아닌가. 뒤늦게 겨우 찾은 식당에서 맞닥뜨린 것이다. 이 양반들 많이도 먹지만 오랫동안 점심을 즐긴다. 식사를 두어 시간씩 한다. 이 양반들 꼬치구이인 수블라키 몇 개 집어 먹고 성이 차겠나. 야채에 올리브 몇 개 섞은 그릭 샐러드도 풍요로운 저장성 사람들에게는 가당치도 않았을 것이다. 그들 모두 연만한 관광객들로 넉넉한 모습이었다. 바짓가랑이까지 걷어 올릴 만큼 포만감에 젖은 표정이었다.

며칠 전 들렀던 크레타 섬에선 우연인지 중국인을 단 한 명도 보지 못했다. 대신 품행이 가지런한 일본 단체 관광객 한 팀을 보았을 뿐이다. 지금 산토리니는 중국인들로 차고 넘친다. 그 가운데서 한국인과 일본인을 찾기란 오히려 식은 죽 먹기다. 한국인들은 거의 스마트폰을 쳐다보거나 셀카봉을 들고 있고, 일본인들은 소곤대며 열과 오를 맞춰 안내 책자를 들고 있다.

이아의 석양을 보기 위해
절벽으로 몰려든 인파.

일본인들이 많이 찾는 섬은 산토리니 북쪽의 미코노스(Mykonos)란다. 이쁘고 여성스런 아기자기한 섬이다. 무라카미 하루키가 3년 이상 살며 『노르웨이의 숲』, 『먼 북소리』 등을 집필했기 때문인지 많은 일본인들은 이젠 산토리니를 건너뛰고 미코노스행 배를 탄다.

이아의 석양을 못 보고 산토리니를 떠나면 허당이라고 한다. 산토리니 공항을 에둘러 북으로 북으로 차를 몬다. 보우르보우로스(Vour-voulos) 마을을 지나 동쪽 해안을 끼고 이아 마을로 들어간다. 주차 걱정 없이 드라이브를 즐긴다. 풍경에 꽂혀 차를 세우면 그곳이 주차장이다.

이상 현상이 나타난다. 해가 서녘으로 기울자 도로 곳곳이 찔찔거린다. 급기야 공터가 유료 주차장으로 돌변한다. 밀물처럼 몰려온 차량에 뻔한 장삿속이 작동된다. 마을의 질서를 지킨다고, 자율과 규찰의 미명하에 '완장'들이 등장한다. 산토리니의 '봉이 김선달'이 석양에 떴다. 서쪽 바다로 떨어지는 해를 잡으려 사람들은 명당으로 꾸역꾸역 밀려간다. 어느 순간이 되자 꼼짝달싹도 안 한다. 지고지순의 사랑 약속도 아니고 찰나의 저녁놀을 포착하려는 것도 아니기에 이내 발길을 돌린다.

대신 아크로티리 땅끝 마을로 향한다. 파로스(Faros)
와이너리 근처 너머로 해가 떨어지고 있었다. 현대 겟츠
(Gets), 기아 피칸토(Picanto) 등 한국산 경차들이 반갑다.
해남 땅끝 마을에 온 듯한 착각이 든다. 나이 지긋한 중
장년들이다.

　　한 할아버지는 붉은 노을 속에 할머니를 담고 싶어 무릎을 굽혀
최적의 구도를 잡는다. 나이 들면 덤덤하고 수수한 장면에 더 감사하
나 보다. 정교회 신부도 순간을 놓칠세라 모닝에서 내려 이브닝을 담
는다.

　　젊음은 극적인 것을 좋아한다. 절정의 감각은 탐미를 즐긴다. 나
이듦은 오늘도 어제 같고 내일도 오늘과 크게 다르지 않다. 평상의
미학이 몸에 배어 있다. 이아 마을에서의 경쟁은 젊음의 부산물이
고, 땅끝 마을의 경륜은 내면으로 이어진다. 허연 머리 뒤로 가지런
히 동여맨 정교회 사제, 그는 지금 무엇을 간구할까? 이 순간만큼은
모두가 종교인이고 관조자이고 철학자다.

　　일출 전에 블리하다(Vlichada) 해변을 찾았다 이곳 역시 검은 모래

블리하다 해변.

해변이다. 새벽의 해변, 파도 소리 빼고 모든 게 정적이다. 개 두 마리가 뭔가를 두리번거린다. 바닷가를 닮았는지 머리통은 까맣고 몸통은 하얗다. 건초를 엮은 파라솔 찌꺼기가 해변을 어지럽혔다. 밀려든 해초로 착각할 정도로 닮았다. 생태학적 관점으로 보면 환경친화적인 것 같고, 진화론적 입장에서 보면 자연선택*적인 것 같아 보는 것만으로도 재미있다.

블리하다 항구 선박 계류장에 어선들이 가지런하다. 우리 외엔 아무도 없다. 포구의 고요를 즐기는데 어부 한 명이 어망을 손질하러 나왔다. 새벽녘은 포구로 돌아오는 배로 파시가 되는 법인데.

블리하다 항구에서 출발하는 요트 투어를 느닷없이 제안받았다. 예약 사고로 인한 보상으로 현지 에이전시의 배려였다. 뜻하지 않게 여행 일정 중 하루를 온전히 요트에서 보내고 싶진 않았다. 게다가 난민 사태는 호전될 기미 없이 악화 일로를 치달았다. 터키 해안 인근 그리스 섬인 레스보스나 사모스 등엔 연일 그리스로 들어오려는

• 자연계에서 그 생활 조건에 적응하는 생물은 생존하고, 그러지 못한 생물은 저절로 사라지는 일. 다윈이 도입한 개념이다.

이른 아침의 메갈로호리.

난민들로 아우성이었다. 여기서 얼마 떨어지지 않은 곳이라 마음이 편치 않았다. 전복 사고도 끊이지 않은 터라 한사코 사양했다.

전날 와인 로드를 찾다 잘못 들어 지나쳤던 메갈로호리를 새벽에 걷고 싶었다. 지나치게 상업화되고 있는 산토리니의 순수한 옛 모습을 보기 위해서다. 오전의 전통 마을은 인기척도 없을 만큼 고즈넉했다. 정교회 종탑 아래로 접어드니 앙증맞은 광장이 반겨준다. 전통 수블라키 메뉴판을 내건 호젓한 레스토랑과 우체국을 낀 마을 회관도 고요하다.

그런데 전통 마을이 인위적으로 정리되고 있었다. 개발과 보존 사이 갈등이 곳곳에서 펼쳐지고 있었다. 할아버지 두 분이 공사 소음에 새벽잠을 설쳤는지 부스스한 모습으로 골목 어귀에 나와 있다. 언덕배기엔 시멘트 공사 잔해까지 너저분하다. 지금 산토리니는 남쪽으로 남쪽으로, 그리고 전통 마을 깊숙이 개발의 붐을 타고 있다.

프로피티스 일리아스로 가려면 반드시 통과해야 하는 마을이 있다. 피르고스(Pyrgos)다. 로터리 주변이 정겹다. 벽과 창을 캔버스로 세우고 거친 필치로 때론 정교한 터치로 마티에르 질감을 살린 블록

피르고스 정교회당 앞의
사제와 여행객들.

마을이다. 헤매고 헤매도 지루하지 않은 미로가 끊임없다. 가방을 맨 어린아이가 엄마와 함께 집으로 향하고 마실 가는 할머니가 불쑥 골목길에서 나온다. 하루 종일 기웃거리는 탐방객을 자주 보아서인지 정겨운 눈웃음을 보낸다. 소박한 표정이 다정다감하다.

1956년 지진의 흔적이 곳곳에서 묻어난다. 붉은 흙 사이사이 흑갈색도 보인다. 피라나 이아 마을과 달리 사람 냄새가 물씬하다. 정교회 건물 앞 난간에 걸터앉아 책을 보는 여행객, 노천 카페에서 신부님과 대화 중인 사람들, 아름다운 풍경이다. 주민 수가 점점 줄어들어 지금은 500명 남짓 살고 있다고 하나 산토리니 어떤 마을보다 정겹다. 교회당 앞의 기념품 가게 하나가 조촐히 숨어 있다. 산토리니를 찾는 사람이라면 놓치지 말아야 할 보석 같은 마을이다.

와인 로드를 타고 숙소로 방향을 잡는다. 흰 당나귀를 타고 올라오는 피르고스 마을 할아버지 모습이 평화롭다. 산토리니의 상징인 동키(Donkey)다. 예부터 교통수단으로 쓰였고 농사일도 도왔다. 동키는 동키 맥주로 이어져 산토리니 특산품이 됐다. 빈산토(Vinsanto) 와

인과 더불어 여행자들 가방 속에 어김없이 들려서 나간다.

꼬마 포도나무에서 생산되는 빈산토는 산토리니를 똑 닮았다. 8, 9월에 수확한 포도가 햇볕에 두 주 정도 말려지면 물기는 몽땅 날아간다. 이 달착지근한 설탕 성분만 가지고 만든 와인이 바로 빈산토 와인이다. 포도의 천연 설탕으로 빚은 와인이니 솜사탕보다 더 달다. 첫날 예약 해프닝으로 할 수 없이 쫓겨온 넵튠 빌라에서 씩씩대는 나를 달래려고 내놓은 와인이 빈산토. 리슬링(Riesling) 와인도 달착지근해 밀쳐두었었는데 이건 아예 조청이다. 술이 달면 젬병이라고 철석같이 생각하던 차에 맛본 빈산토는 와인이 아니었다. 입에 대는 둥 마는 둥, 성의에 대한 답례를 했을 뿐이다.

이틀이 지나 다시 맛보았다. 바스락거리고 돌아다녀서 그런지 몸은 천근만근 늘어졌다. 피곤하면 단것이 당기는 법. 살짝 취기까지 오르니 금상첨화다. 감정과 분위기에 따라 술맛은 하늘과 땅이다. 하긴 젊은 시절 삐끼한테 걸려 처넣었던 가짜 양주도 그날 밤만은 달콤했고 황홀했다.

30여 년 전의 이온 음료 광고나 10여 년 전의 냉장고 광고, 그리

눈을 멀게 할 만큼 빛나는 이아의 오후.

달콤한 빈사토 와인과 동키맥주

고 허니문 신화에서 비롯된 해맑은 판타지가 산토리니 이미지의 전
부였다. 산토리니 신화의 주역은 단연 두 곳이었다. 이아와 피라.

　이아 마을, 석양의 낭패를 다음 날 오후의 반전으로 보상받고 싶
었다. 돌아오는 길에 밤의 피라까지 본다면 꿩 먹고 알 먹고다. 늦은
오후의 이아에는 태양이 내리꽂히고 있었다. 마을은 모든 것이 정지
된 양 진공상태로 포장된 듯했다. 움직이는 거라곤 전문 사진작가와
골목을 가로지르는 개와 고양이, 그리고 드문드문 오가는 가게 주인
과 그들이 드리운 그림자가 전부였다.

'베네치안 캐슬.' 산토리니도 한때 베네치아의 지배하에 있었다.

티라, 카메니(Kameni), 티라시아(Thirasia)가 품은 내해는 산토리니 속의 지중해로 호수 같은 바다였다. 섬을 오가는 배가 일으키는 하얀 포말이 이곳이 바다라는 것을 보여준다. 색은 오직 두 가지만 존재한다. 하얀 도화지에 그려진 파란 돔이 전부였다. 그리스 국기 색깔은 운명적으로 정해진 것 같다. 우중충한 흙비가 내린다는 우기는 얼씬도 하지 않을 것 같은 이아였다.

풍차는 꿈같은 풍경에 악센트로 작용한다. 거친 질감의 벽과 창틀은 작위적이어도 거슬리지 않는다. 모서리는 하나같이 둥글려졌고 이따금씩 나타나는 붉은 꽃은 화룡점정이다. 키클라데스 건축 스타일의 경연장 같다. 부티크 호텔은 저녁놀과 어울린 미니멀리즘으로 포장했다. 가파르기 이를 데 없는 절벽 골목길이 더욱 호기심을 자아낸다. 수평으로 이어지다 아래로 떨어지고 위로 솟구쳤다.

피라의 가파른 언덕길은 온통 당나귀 똥 냄새로 덮여 있다. 초기 산토리니의 여행 신화는 피라에서 탄생했다. 당나귀 타고 느릿느릿 오르던 낭만은 곧 케이블카로 대체됐고 이젠 항만조차 신항구로 옮

피라의 늦은 오후.
당나귀 똥 냄새가 가파른 언덕을 타고 올라온다.

겨졌다. 과유불급이라 했던가. 피라는 몸살을 앓고 있다. 화려함은 질펀한 흥청거림으로 변질됐다. 한 집 건너 보석상이고 두 집 건너 부티크다. 중국 식당은 벌써 십여 개를 헤아린다. 에게 해의 보석, 피라는 밤이면 영락없는 환락가다. 종국엔 절제가 과잉을 이기는 법인데……. 피라는 산토리니 오염의 진원지로 나섰다. 흐드러진 꽃은 곧 사그라지고 사람들은 곧 그 꽃을 떠난다. 이 불꽃은 이웃 피로스테파니(Firostefani)와 이메로비글리(Imerovigli)로 옮겨 붙고 있다.

하루나 반나절 머무는 크루즈들은 피라 밤바다에 정박한다. 망망 대해의 적막은 육지의 불야성을 탐하게 마련이다. 대형 크루즈 두 척 정도만 들어오면 산토리니는 나신들이 몰아대는 사륜 스쿠터로 매캐해진다. 바다의 정적을 육지의 다이내미즘으로 바꾸고 싶은 사람들. 한적한 아크로티리 삼거리에서 버스와 정면으로 '맞짱 뜬' 활화산 같은 여행객을 보기도 했다.

산토리니를 떠나야 할 시간이 다가온다. 숙소 인근에 베네치아 요새가 보인다. 떠나야 하는 허전함에 출출해진다. 요새 앞 가족 식당 테오파니스(Theofanis family Tavern)에 들른다. 마음도 몸도 넉넉한 모녀

난민 사태로 보안 검색이 심해 북새통을 이룬다.

가 반갑게 맞이한다. 그릭 샐러드와 오렌지 주스, 콜라 한 잔을 주문한다. 당나귀 그림과 붉은 토기, 새 문양 등이 이곳이 고대 문명이 꽃폈던 아크로티리임을 보여준다. 지중해성 기후로 냉방 시설이 필요없으니 유리 창틀만 보인다. 막 추수를 끝낸 들판 한복판에 자그마한 정교회가 수채화처럼 아름답다. 버스 정류장의 우편함과 공중전화도 아날로그적인 풍경으로 시간이 멈춰선 듯하다.

Crete, Greece

헤라클레스처럼
거친 땅에서 꽃핀 미노안 문명

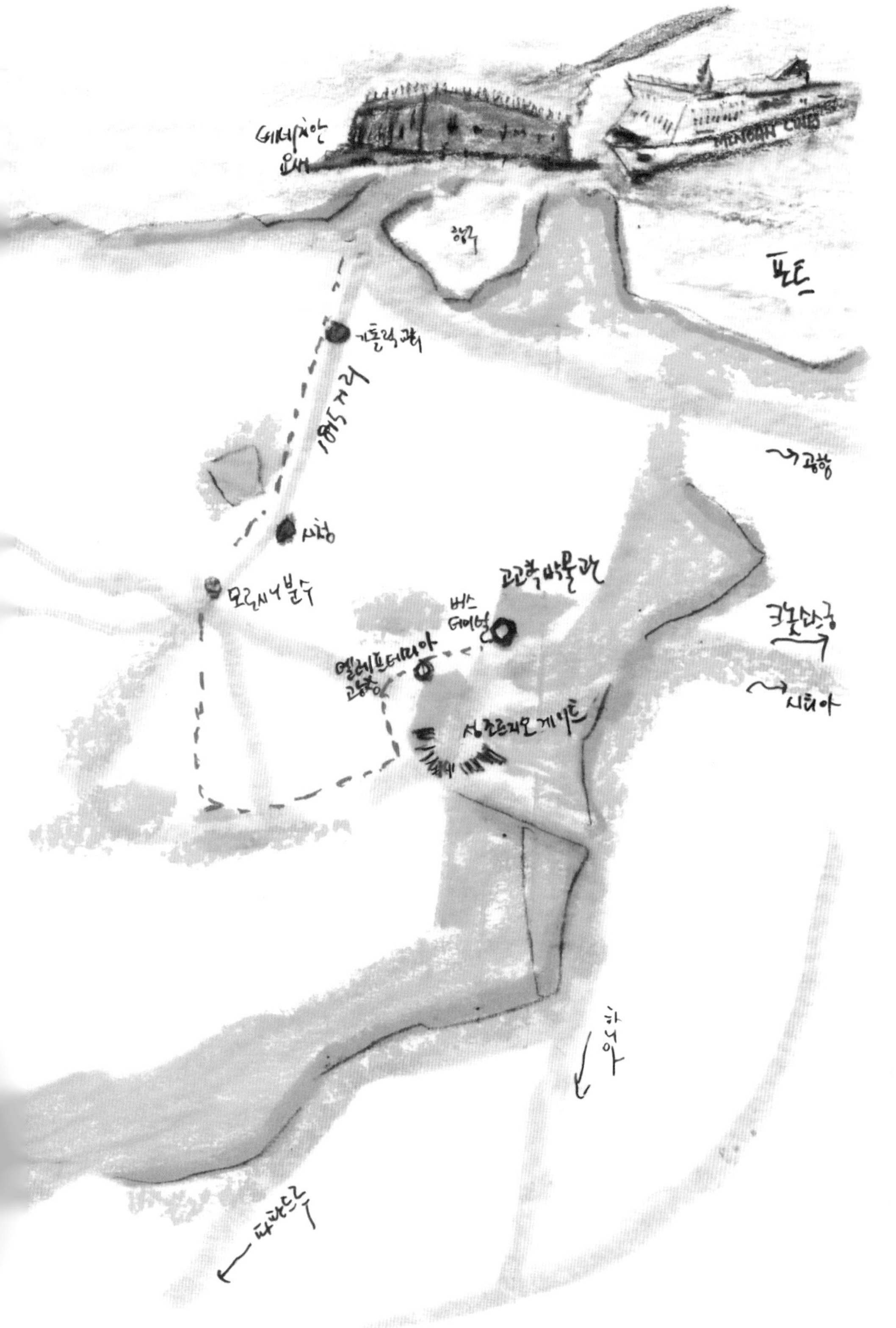

베네치안
호텔

항구

MINOAN LINES

포트

기독역 교회

대로스다리

신전

기공항

모라시 분수

고고학 박물관

버스
정류장

엘레프테리아
광장

크놋소스

시티아

신고르자오 게이트

하니아

라만드르

크레타 Crete

문명의 땅에 불어닥친
너덜너덜한 상처

나는 지금 에게 해 하늘을 에게안 항공을 타고 날고 있다. 노래 '에
게 해의 진주(Penelope)'가 입가에서 맴돈다. 그제 리카비토스 언덕에
서 보석처럼 빛났던 피레우스 항구가 새털구름 저편으로 소실점을
그린다. 키트노스(Kythnos), 세리포스(Serifos), 시프노스(Sifnos) 그리고
밀로스(Milos)가 해상 열병하듯 차례차례 나타났다 사라진다. 우주로
착각할 만큼 적나라한 허공이 비행기 창으로 펼쳐진다. 공룡 등뼈

아테네 공항의 날씨 안내판.

같은 산등성이만 드러난 섬들이 육감적이다. 조각의 나라 그리스답게 잘도 깎인 모습이다.

　잠시 후 이라클리온 공항에 착륙할 예정이란 기내 방송이 들린다. 공중 부양은 계속된다. 그러나 웬일인지 비행기 창밖으론 아무것도 보이지 않는다. 아테네 공항에서 알려준 이라클리온 날씨는 약간 구름이 낀 정도였는데……. 헤라클레스의 훼방인가. 헤라클리온(Heraklion)으로도 불리는 이라클리온(Iraklion)은 헤라클레스(Heracles)에서 따온 지명이다. 신들의 총대장인 제우스의 사랑을 한껏 받으며 기고만장한 헤라클레스. 재주도 많지만 심통이 나면 못된 짓도 마다 않는 헤라클레스가 오만상을 짓고 있다. 즐거운 상상이 둥둥 떠다닌다.

　크레타 문명의 발상지, 생각만 해도 가슴은 벌렁거린다. 4,000년 전의 고대 문명 땅을 밟게 되는 것이다.

　크레타란 지명을 처음 접한 건 '단기 4300년' 전후. 얼추 헤아려 보니 초등학교 3학년이었을 것이다. '5·16 쿠데타' 세력은 선진국이 된 서방을 그대로 받아들여 근대화를 일구려 했다. 단군 할아버지를 기리기 위해 사용했던 단기는 하루아침에 서기로 대체됐다. 단기

니코스 카잔차키스 공항. 조형물과 그림 들이 이채롭다.

4295년이 서기 1962년으로 전광석화처럼 바뀌었다. 헷갈렸다. 기원전 2333년 단군 할아버지가 이 땅에 단군 고조선을 세웠다고 한다. 단군의 아버지 환웅은 그 이전에 하늘에서 땅으로 내려와 신시神市를 세웠다고 한다. 모든 것이 신화다. 나에겐 10월 3일 개천절은 학교 안 가고 뛰어노는 공휴일이었다. 참성단塹星壇이니 제천단祭天壇이니 하는 용어는 달나라만큼 먼발치에 있었다.

그 당시 기원전 2500년의 크레타 문명도 신화처럼 다가오기는 매한가지. 단군 조선과 크노소스 궁전은 비슷한 연대기에 존재했다. 19세기 말까지 크레타 문명도 신화 속에서 전설로 내려올 뿐이었다. 한마디로 증빙이 없었다. 그 신화가 역사에 편입되는 사건이 나타난다. 1900년 영국인 고고학자 아더 에반스가 크노소스 궁전의 실체를 벗겨내기 시작한다. 신과 신화의 땅 크레타는 서양 고대사의 화려한 스포트라이트를 받는다.

HERAKLION AIRPORT N. KAZANTZAKIS.

이라클리온 공항 이름에도 꼬리말이 죽 붙었다. 크레타의 또 하나의 상징, 니코스 카잔차키스(Nikos Kazantzakis, 1883~1957)의 땅에 온 것이다. 제도권에서 보면 영 못마땅한 불온한 인물, 카잔차키스. 그는 크레타를 딱 닮았다.

크레타도 그리스 본토와 끊임없는 불화를 일으켰다. 역사 이래 애증은 운명처럼 얽혀 있다. 반목은 길었고 밀월은 짧았다. 크레타 문명을 멸망시킨 것도 본토의 미케네였다. 아드리아 해와 발칸을 석권

한 베네치아 공화국은 크레타를 일찌감치 집어삼켰다. 눈엣 가시 같은 존재는 힘센 놈이 먼저 손보는 법이다. 오스만 제국에 의해 뺏겼다 풀려나기를 반복한다. 19세기에만도 수차례 곤욕을 치렀다. 자치령이었다가 다시 그리스 영토로 복속되는, 우여곡절의 역사 속에서 그야말로 너덜너덜한 상처를 천형처럼 갖고 살아왔다.

동양과 서양 사이에 낀 어설픈 정체성, 오스만제국에 짓눌린 정교회, 민족주의와 자유주의 사이의 끊임없는 갈등과 번민. 자유인 카잔차키스는 그런 시대를 관통했다. 그는 문학으로 치열하게 저항하고 그 저항을 체화한 인물이었다. 『그리스인 조르바』만큼 크레타를 단번에 세상에 알린 작품은 없다. 영화 〈희랍인 조르바〉에서 펼쳐지는 앤서니 퀸의 명연기가 어른거린다. 광산 개발의 꿈이 일장춘몽처럼 사라진 조르바에게 모든 미련으로부터 자유롭고 허허로운 춤사위가 펼쳐진다. "조르바, 이리 와요. 춤 좀 가르쳐줘요." 해방이다.

허무주의자 니체로부터 영향을 받아서인지 몇몇 작품엔 그리스 정교회를 모독하는 내용도 등장한다. 신성 모독죄로 인해 죽어서도 아테네로의 귀환이 용납되지 않는다. 그는 독일 프라이부르크에서 영혼의 자유를 꿈꾸다가 세상을 떴다. '자유의 도시' 프라이부르크에

서 숙명처럼 스러진다. 제2차 세계대전 후 의욕이 충만하던 그리스 정부는 국가 재건을 우선시하는 지극히 '현실적인 나라'였다. 그의 주검은 아테네로 돌아올 수 없었다. 그에게는 엄숙한 기율이 제도화된 아테네보다는 자유로운 남쪽 나라 크레타가 어울렸다.

해변의 라보부티크 호텔에 여장을 푼다. 창문 너머로 베네치안 요새(Venetian Fortress)가 들어온다. 나는 빨리 크노소스 궁전의 미궁을 헤매고 싶었고, 카잔차키스 유적지도 찾아보고 싶었다. 그러나 사실 그에 앞서 역사에 기억되는 몇몇 크레타 공방전에 더 큰 관심을 가져왔었다. 제1, 2차 세계대전사에 관한 내용이라면 더욱 가슴 뛴다.

사내아이들이 어릴 때부터 푹 빠졌던 건 단연 '전쟁놀이'였다. 유소년 시절 거칠어진다고 부모들로부터 마뜩잖게 여겨졌던 전쟁놀이다. 계집애들의 가지런한 놀이를 한순간에 망가뜨리는 것도 머슴애들의 치기 어린 짓거리였다.

요즈음 지상파 광고에도 전쟁놀이가 출몰하는 걸 보면 전쟁 게임

베네치안 요새에서 본
이라클리온 항구의 정겨운 풍광.

은 이제 산업으로 격상됐다. 대학 때 들은 '동서양 외교사'는 사실 태반이 전쟁사로, 격조 있고 체계적으로 정리된 커리큘럼이었다. 예수나 마호메트 등장 이후 정의를 수호한다는 미명 아래 진행된 힘겨루기도 모두 종교전쟁이었다. 윤리, 도덕을 내세워 벌인 온갖 출정은 불의와 타락으로 점철된 광기로 치달았다. 곧잘 이성은 재미없고 싸움질은 흥미로운 법이다. 스포츠란 범주 안에 자리 잡은 격투기는 마력이 있다.

동지중해 가운데 뻗쳐 누워 흑해와 북아프리카 그리고 중근동 길목을 막았던 크레타. 누구에겐 못 먹는 감이었을 것이고, 어느 세력에겐 아킬레우스의 건이었을 것이다. 크레타를 둘러싼 전투 중 까마득한 고대의 싸움은 일단 접어두자. 본토의 미케네를 비롯한 많은 폴리스들의 남진은 아득한 얘기로 신화와 뒤섞여 있다. 신화는 재미있지만 역사의 뒤안길이다. 저 피안의 세계에 떠도는 스토리텔링일 뿐이다.

베네치안 요새가 눈앞에 보인다. 우선 17세기로 거슬러 올라간다. 크레타에서 17세기는 애송이의 역사 같다. 현실적인 근세처럼 가깝다. 베네치안 요새는 13세기 무렵부터 무려 400여 년간 크레타를 지배한 베네치아 왕국이 세운 요새다. 거센 바람에 발걸음이 갈지자다. 1년의 태반이 흰 눈에 덮여 있는, 크레타에서 제일 높은 산 레프카 오리(Lefka Ori)가 하늘에 걸려 있다.

크레타 해풍과 계곡 바람이 겹치니 모자는 눈썹까지 내려갔다. 집

떠나 사나흘이 지나면 시차는 웬만큼 적응하건만 여독만큼은 온몸에 깊숙이 파고든다. 목덜미가 으슬으슬해진다.

이슬람 세력은 1453년 콘스탄티노플 함락 후 지중해의 패권을 놓고 베네치아와 끊임없이 으르렁댄다. 오스만 제국은 1669년 무려 21년 동안 끌어온 칸디아(베네치아 공화국 통치 시 크레타의 이름) 공성전에서 끝장을 본다. 오스만 측에서 무려 12만 명, 베네치아 측에서도 약 3만 명이 괴멸되는 지독한 소모전이었다.

1644년 몰타 기사단(The Knights of Malta)*과 베네치아 군의 기독교 연합 세력이 오스만의 심기를 건드리는 사건이 벌어진다. 알렉산드리아에서 이스탄불로 향하던 오스만 제국의 수송선을 공격한 것이다. 그중 한 척에는 메카를 순례하고 귀환하던 종교 지도자 이맘과 순례자들이 타고 있었다. 심지어 술탄을 섬기는 여인들도 타고 있었다. 이들을 강제로 나포하여 칸디아로 끌고 온다. 이스탄불의 술탄은 이성을 잃고 황제 모자까지 벗어던진다.

유수프 파샤(Yusuf Pasha)는 6만 대군을 이끌고 현재의 카니아(Cha-

* 순례자를 위한 구호 단체로 시작했으나 십자군 전쟁을 거치며 종교적 군대 조직으로 변했다. 중세에는 몰타 섬에 정부를 세우고 독립 국가를 건설하였다.

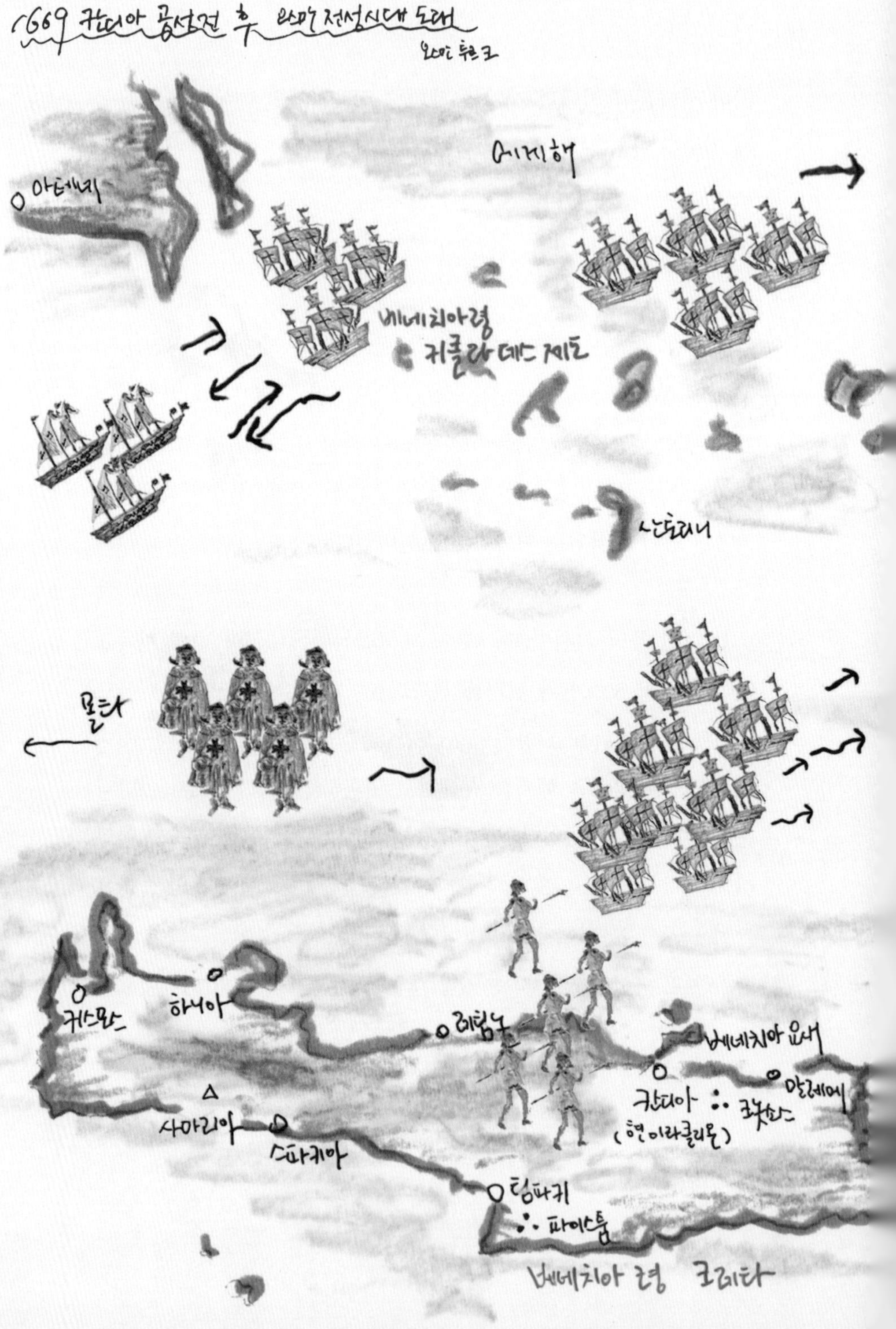

1669 칸디아 공성전 후 오스만 전성신대 도래
오마 두르크

아드해지

에게해

베네치아령
거클라데스 제도

시도니아

몰타

경파키

케스만 하니아

헤럼노

베네치아 요새

사마리아

스파키아

칸디아
(현 이라클리온)

크놋소스

알레에

팀파키

파이스톤

베네치아 령 크레타

이스탄불

• 1669 유수프 파샤의 6만 오스만군 . 함대
칸디아 정령

• 21년동안 치열한 때전 싸움
베네치아 3만
오스만군 12만 전사
↳ 베네치아 패배로 급격히 세력 약축

칸디아

• 1644 몰타기사단
베네치아 연합군
술탄의 여인 납치

nia)와 레팀노(Rethymno)를 벼락같이 점령한다. 이를 계기로 동지중해 패권을 놓고 두 세력 간 혈투가 이어진다. 베네치아도 맞불을 놓는다. 이스탄불 앞마당인 마르마라(Marmara) 해를 장악하려 한다. 톱니처럼 쪼개진 다르다넬스(Dardanelles) 해협을 봉쇄하며 오스만을 바짝 조인다.

저무는 석양은 어쩔 수 없다. 베네치아 공화국은 점점 힘을 잃어간다. 결국 아드리아 해는 물론 달마티아 해안 깊숙이 내주는 꼴이 된다. 오스만은 발칸 전역을 장악한다. 프란체스코 모로시니(Francesco

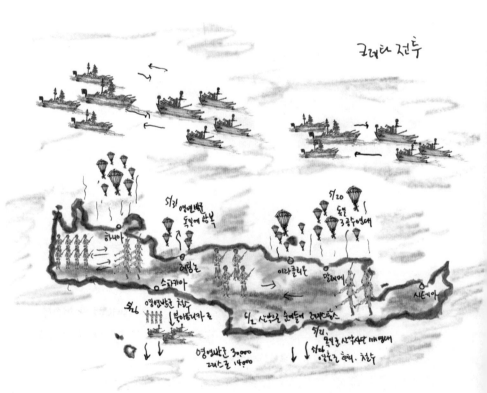

크레타 전투

Morosini)가 이끄는 3,600명의 결사대가 용케도 꽤나 버틴다. 그래도 결국, 베네치안 요새는 오스만 손에 떨어진다.

이라클리온의 가장 유명한 미팅 포인트가 '모로시니 분수'다. 모로시니의 이미지는 끈질긴 생명력과 저항 정신을 상징한다.

1830년의 런던의정서*로 크레타는 그리스로 넘어온다. 그런데 어찌된 일인지 10년 만에 1840년에 열린 런던회의로 다시 오스만 제국의 손으로 넘어간다. 19세기의 런던은 유럽을 좌지우지하는 여의주 같은 도시였다. 그 후 오스만 제국의 자치령으로 지위가 상승되기도 하지만, 운명은 갈팡질팡했다. 하긴 19세기 말 중국 해안을 자기 멋대로 나눠 가진 유럽 강대국들이었으니 크레타 같은 하찮은 섬이야 식은 죽 먹기였을 것이다.

세기가 바뀌면서 크레타는 더 기구한 운명을 맞는다. 설상가상으로 제2차 세계대전이 크레타를 만신창이로 만든 것이다. 1941년 5월 20일부터 6월 1일까지 크레타 섬과 그 연근해에서 전투가 벌어진다. 그 유명한 크레타 전투*다. 호주, 뉴질랜드, 그리스군이 가세한 영국군 주도의 연합군 3만 명과 독일과 이탈리아를 추축으로 한 군 4만

• 1830년 2월 영국, 프랑스, 러시아 3국이 체결한 런던의정서에 따라 그리스의 독립이 보장되어 1830년 3월 25일 독립하였다.
• 1941년 4월에 발발한 그리스 공방전에서 승리해 그리스 본토를 점령하게 된 독일군이 남은 동부 전선의 전략적 요충지인 크레타 섬을 공략하여 발칸 반도 지역을 완전히 점령한 전투다.

5000명이 단기간의 압축적인 전장에서 그야말로 '전쟁놀이' 같은 공방을 벌인다. 강대국 간의 혈투는 애꿎고 순박한 제3의 땅에서 벌어진다. 정작 자기 땅에서 싸움을 벌이는 것은 강화를 얼마 앞둔 막바지에서다. 잠시나마 평화롭던 섬은 또 날벼락을 맞았다. 크레타의 숙명은 항상 '타율에 의한' 외부 의지에 달려 있었다.

19세기 말부터 영국은 지중해에서 우뚝한 지존이었다. 19세기는 그레이트 브리튼(Great Britain)의 시대였다. 더구나 이집트와 중동 지역은 전통적으로 영국 손아귀에 있었다.

알렉산드리아를 모항으로 북아프리카 전선을 장악한 독일과의 한판 승부는 피할 수 없었다. 발칸과 그리스 본토를 이미 차지하고 남진을 서두르는 독일은 크레타에서 영국과 맞닥뜨렸다. 1940년 10월 28일 이탈리아가 그리스를 침공하자 영국군이 크레타에 진주했다. 벌써부터 루마니아 유전 지대를 점령하고 소련 침공 계획을 착착 진행 중인 독일 입장에서 크레타는 아킬레우스의 건이었다. 히틀러 입장에선 보스포루스 해협과 다르다넬스 해협을 장악하더라도 크레타를 차지하지 못한다면 전선은 모래성에 불과했다.

석양으로 사라지는 레프카 오리(Lefka Ori) 산.

독일이 서부 전선 침공 시 짭짤한 재미를 봤던 공수 특전단의 공중 침투 전략이 크레타에 그대로 적용됐다. 한 번의 멋진 성공은 다음 기회에도 관성처럼 이어지게 마련이다. 더군다나 크레타 인근 해전에서 일진일퇴를 거듭했던 터라 전선의 교착을 타개하는 데는 공중 침투가 최선책이었다. 아테네에서 띄운 공수부대의 활약에 큰 기대를 걸었다.

그러나 우스꽝스럽고 참담한 결과가 벌어진다. 독일군 낙하 시간과 장소가 연합군 측에 의해 사전 해독되었다. 불행은 한꺼번에 몰려온다. 종잡지 못하는 크레타의 풍향은 예상과는 정반대로 불어댔다. 권총 한 자루 달랑 차고 떨어지는 팔쉬름예거(Fallschirmjäger, 독일 공수부대)는 영국군의 조준 사격으로 괴멸되다시피 했다. 천신만고 끝에 크레타를 점령했지만 이미 전력의 삼분의 이가 사라진 뒤였다. 3년 후 연합군의 노르망디나 시칠리아 상륙 작전 시 반면교사가 된다. 독일군 대 실패의 교훈은 연합군 대성공의 길로 이어졌다.

북아프리카로 전선을 남하시킨 연합군에게 크레타는 더 이상 목숨 걸 전략 요충지가 아니었다. 큰 그림을 그린다. 후일을 도모하고 전술적 철수를 단행한다. 일부는 험준한 산악으로 숨어들어 크레타

야밤에 시위하는 모습.   관광객들로 항상 북적이는 모로시니 분수.

원주민 게릴라 세력과 합친다. 독일은 말레메, 이라클리온, 레팀노 비행장을 몽땅 점령하나 이미 상처뿐인 영광이었다. 공수부대는 해체 직전으로 몰렸고 주 전력에서 이탈된다. 연합군은 약 4,000명이 전사한다. 그러나 독일군은 공수부대에서만 약 4000명이 죽거나 실종됐다. 부상자를 세는 건 무의미한 일이었다. 오랫동안 크레타 섬은 대낮에도 매일 타는 저녁놀처럼 벌겋게 물들어 있었다.

어제 낮 크노소스 궁전행 버스에 탔다. 이미 종점부터 타고 온 중학생들로 빈자리가 거의 없었다. 스위스와 맞붙은 국경도시 콘스탄츠(Konstanz)에서 역사 기행 온 학생들이다. 정오를 한참 지난 시간이라 그런지 시장통에서 장을 본 할머니, 할아버지 들이 힘겹게 버스 승강에 오른다. 모퉁이를 돌 때마다 할머니, 할아버지의 무게중심이 흐트러졌다. 독일어로 깔깔대는 학생들은 아랑곳하지 않고 재잘대며 앉아 간다. 정류장에서 질서 정연하게 버스를 타던 합리성과 크노소스 가이드북을 보는 이성만은 돋보였지만, 힘겨워하는 할머니

저 산맥을 넘어 밀려온 엄청난 해일이 크노소스를 덮쳤다.

들엔 눈길조차 안 줬다. 내 눈엔 너무 뜨악한 모습이었다. 한참 동안
만원 버스에 부대낀 할머니들이 뒤뚱거리며 안쓰럽게 내린다. 외부
인들에 대한 배려 때문인지 몸에 밴 인내 때문인지 아니면 외국인에
대한 두려움 때문인지 무관심한 표정으로 사라지는 노인들이 안쓰
럽다.

175

이라클리온 포구에서
수다 떠는 뱃사람들.

새벽부터 마른번개가 동쪽에서 번쩍인다. 먼동이 터오는 산 너머는 바로 크노소스 궁전이다. 그 까마득한 어느 날, 크레타에도 한 줄기 번개가 내리쳤을 것이다. 4대 문명의 발상지인 메소포타미아와는 동쪽으로, 나일 강 유역과는 남동쪽으로 인접해 있었다. 게다가 크레타는 하늘과 맞닿은 험준한 산악이니 '문명의 번개'는 크노소스에 떨어진다. 그렇게 미노아 문명은 번창했다. 어제 미노스 왕에 의해 지어진 미궁迷宮 앞을 오후 내내 서성였다. 라비린토스(Labyrinthos)를 조금이나마 느끼고 싶었다.

이젠 크레타를 떠나야 할 시간이다. 크루즈 '미노안'이 항구에 정박하고 있다. 거대하다. 미궁까지 깊숙이 들어가 미노타우로스를 해치우고 의기양양 아테네행 배에 오르는 테세우스를 상상한다. 아이게우스의 비극으로 끝나는 신들의 복수와 저주를 떠올린다.

• 그리스 신화에서 다이달로스가 미노스 왕을 위해 지은 미로로, 안에 한번 들어가면 출구를 찾을 수 없도록 복잡하게 설계되었다. 미노스는 이 건물 안에 왕비 파시파에가 낳은 반우반인(半牛半人)의 괴물 미노타우로스를 가두어놓고 아테네에서 보내오는 소년, 소녀를 먹이로 주고 있었는데, 영웅 테세우스가 이를 물리쳤다.
• 그리스 신화에 나오는 영웅 테세우스의 아버지이자 아테네의 왕. 미노타우로스를 처치하러 간 아들 테세우스가 크레타 섬에서 피살되었을 것으로 짐작하고 절망한 나머지 바다에 몸을 던져 죽었다고 전한다. 그 후부터 그 바다를 '에게 해'로 부른다고 한다.

숙소 식당에서 본 크노소스의 먼동.

신화의 섬 크레타는 신이 되고자 했던 인간들이 산 땅이다. 크레타에선 인간이 곧 신이었고 신은 인간세계로 거리낌 없이 넘나들었다. 역사와 신화가 굽이굽이마다 시도 때도 없이 끼어들었으니 흥미진진하다. 산토리니·미코노스로 떠나는 미노안이 신비스런 뱃고동을 울린다.

Dubrovnik, Croatia

두브로브니크는
오늘도 눈부시다

리예카- → 스프리트 → 이포토스키 → 포스타르
→ 두브로브니크

자그레브

크로아티아

베오그라드

세르비아

트바키

달마치아반도

보스니아
헤르체고비나

사라예보

스플리트

인민통거

판타르

네움

보스니아가 유일하게 아드리아 해로
고개를 내민 네움 국경 마을.
2003년에도 별 제동 없이 통과할 정도로
상징적인 체크포인트다.

두브로브니크

몬테네그로

아드리아 해

우크랜

알바니아

두브로브니크 Dubrovnik

두브로브니크는
그때나 지금이나 눈부시게 빛난다

1999년 5월 초순, 눈이 시릴 정도로 화창한, 세상의 온갖 축복이 쏟아진 것 같은 정동의 금요일 오후였다. 훌쩍한 키에 비쩍 마른 체구, 경상도 바닷가 억양의 쉰 줄을 바라보는 한 사내가 출판사 문을 열고 들어왔다. 복사한 원고 뭉치를 담은 남루한 종이봉투가 탁자 위에 내려졌다. 몇 군데 출판사를 전전했는지 후줄근한 매듭 아래 빛바랜 커피 자국도 보인다.

"그냥 유럽 땅을 누비고 다니면 뭐 하노. 제대로 보아야제. 그래 제목을 이렇게 달아보았심더. 물론 가제입니다……."

가제목이라도 거창했다. '네 꿈을 펼쳐라.' 당시는 나라 곳간이 거덜 난 시기. 국제통화기금의 구제금융 아래 유럽을 어렵사리 나갔으면 뭔가 배우고 와야 한다는 것이다. 강박감이 서린 계몽적이고 '꼰대' 같은 제목이었다. 우여곡절의 10여 년 동안 유럽 소재 유네스코 문화유산을 찾아다니며 발로 쓴 기록이니 저자 입장에서 애착이 가는 건 자명한 일.

특히 발칸 지역은 세기말까지도 총성이 멎지 않은, 세계의 고질적인 화약고였다. 기독교와 이슬람이 몇백 년간 사사건건 으르렁댔던 최전선이고, 그리스 로마의 지중해 문명과 대륙의 슬라비즘(Slavism)˙이 끊임없이 부대꼈던 지역이었다. 유고 연방도 동구권이 몰락하면서 제 갈 길을 찾는다. 발칸 지역은 산 넘고 물 건너는 곳마다 종교

˙ 슬라브 민족주의가 짙게 밴 동유럽 사람들의 기질과 전통 등을 말한다.

두브로브니크의 야경.

가 달랐고 풍속이 바뀌었다. 정치는 종교와 한통속으로 이에 따른 신념과 세계관도 딴판이었다.

그래도 우리에게 낯선 땅만은 아니다. 제1, 2차 세계대전에서 빨치산(Partisan) 활동이 펼쳐졌던 곳이 바로 여기였다. 산악으로 숨어들어 게릴라전을 펼칠 수 있었던 디나르알프스(Dinar Alps) 산맥은 이 지역의 등뼈다. 1973년 우리 여자 탁구 선수 이에리사, 정현숙이 세계 선수권 단체전에서 우승을 차지한 사라예보. 그 사라예보는 제1차 세계대전의 뇌관으로 작동했다. 그러니 발칸은 종종 발칸포가 됐다. 나에겐 코소보 사태나 보스니아 내전 훨씬 이전부터 틈만 나면 더듬었던 '호기심 천국'이었다.

하루도 쉴 없이 죽고 죽이는 전쟁은 지금도 계속된다. 집요하고 치열한 전쟁으로 친다면 단연 '종교전쟁' 아닐까. 이슬람과 기독교 문명 간의 한 치 양보 없는 살육전은 현재도 진행형이다. 이젠 이슬람 종파 간에도 극한 분쟁이 정점을 치닫는다. 발칸 지역같이 이슬람과 동방 정교회, 그리고 서방 가톨릭이 뒤섞여 살고 있는 지역은 드물다.

종교의 배타성은 갈등과 혼돈을 부른다. 종국에 가서는 나라마저 갈기갈기 찢긴다. 종교의 균형이 나름 유지될 때는 잠시 평온한 듯하지만 극단의 근본주의가 웃자라면 인종 청소도 서슴지 않는다. 이 때 사랑과 평화라는 궁극의 가치는 무의미하다. 종교의 역설이고 이 반反이다.

184

발칸 화약고
가톨릭, 이슬람, 정교회가 섞여있어
분쟁이 끊이지 않았던 지역
크로아, 마케도니아, 몬테네그로, 알바니아 가 해당된다

지 중 해
가톨릭
이슬람   슬라브세력확장
정교회

16세기 , 17세기 오스만 최전성기 시절의
이슬람 · 동방정교회 · 가톨릭 세력 분포

발칸 지역은 역사 이래 그렇게 싸워왔다. 강대국 이해관계에 따라 걸핏하면 불이 옮겨 붙는 인계철선(引繼鐵線)*이 도처에 깔려 있다. 발칸의 이런 현상은 운명처럼 흘러왔다. 진실성은 제쳐두더라도 황금분할과 균형이 빚어내는 우리의 종교 상황은 세계 어디에서도 예를 찾을 수 없을 만큼 특이하다. 어느 나라건 한 종교가 여타 종교를 압도

* 폭발물과 연결되어 건드리면 폭발하게 하는 철선을 말한다. 적의 침입을 감지하기 위한 목적으로 설치한다. 전쟁에 자동 개입하는 의미로 쓰인다.

하는 경향인데…….

　다시 책 이야기로 돌아간다. 꼭지 중 유독 흥미로운 내용이 다가왔다. 크로아티아의 남쪽 끝 두브로브니크 기행기였다. 마케도니아의 유네스코 자연 유산인 도시 오흐리드(Ohrid)를 탐방하고 북쪽의 몬테네그로(츠르나 고라)로 가려 했단다. 직선거리로 200킬로미터에 불과하고 평균 신장이 무려 190센티미터에 가까운 몬테네그로 인들도 볼 수 있으니 그 경로를 택하고자 했다는 것이다. 외형상 전쟁은 끝났지만 국경은 모두 폐쇄된 상황이었다. 할 수 없이 북으로 북으로, 그러다 베오그라드, 부다페스트, 자그레브를 거쳐 다시 남으로 남으로 이동했다. 그렇게 버스로 2,000여 킬로미터를 돌고 돌아 두브로브니크로 들어갔다고 했다.

　문화유산 탐방이라는 다소 딱딱한 노정이 문학적으로 치환되는, 로드 기행이 매력적으로 다가왔다. 두브로브니크라는 지명이 주는 운율만으로도 신비감은 더했다. 시적인 압축미가 돋보이는 마지막 단락은 숨은 보석 같았다. "지중해의 날씨가 으레 그렇듯 그날도 하늘은 눈부셨다."

　직관은 다른 선택지를 밀어냈다. 『두브로브니크는 그날도 눈부셨다』라는 제목하에 부제는 '유네스코 지정 세계문화유산 유럽 편'으로 좁혀졌다. 책은 인문서로 분류될 수밖에 없었다. 당시에도 인문서는 고작 초쇄나 재쇄도 넘기기 힘들었다. 반응은 의외였다. 각 미디어의 서평란은 고맙게도 큰 지면을 할애해줬다. 몇몇 신문은 한 면을 털어 멋지게 편집했다.

두브로브니크로 곧장 날아가고 싶었다. 해마다 유럽 출장과 답사는 이어졌지만 좀처럼 기회가 오지 않았다. 역시 발칸 반도는 머나먼 길. 당시만 해도 비행기 편은 일주일에 한두 번뿐이라 여간해선 짬이 나지 않았다.

2003년 여름, 파주출판도시는 시범 지구가 들어설 만큼 새로운 건축물의 경연장으로 한창 탄력을 받고 있었다. 출판사 대표들과 건축가 몇몇이 동유럽 건축 기행을 기획했다. 모스크바, 상트페테르부르크, 프라하, 브르노, 부다페스트, 자그레브로 이어지는 건축 탐방이었다. 나는 두브로브니크까지 가고 싶었다. 먼 거리와 일정 때문에 처음엔 설왕설래했지만 결국엔 성사되었다. 사실 나는 크로아티아와 슬로베니아를 빼곤 이미 여행했던 지역이라 무덤덤했지만 모스타르와 두브로브니크가 마지막에 끼면서 호기심은 배가 되었다. 1990년 초여름, 모스크바와 상트페테르부르크는 소비에트 연방 해체 전에, 그 밖의 나라도 사회주의가 붕괴될 때 들렀던 행운을 누렸다. 고등학교 때 수학여행 가기 전날만큼 가슴이 꽁닥거렸다.

아드리아 해가 저녁놀에 벌겋게 물들었다. 리예카(Rijeka) 항에서 달마티아(Dalmatia) 해안을 따라 스플리트(Split)로 밤새도록 항해하는 크

루즈에 올랐다. 두어 시간 지났는데도 밤바다는 훤하다. 여름의 유럽, 어디서건 밤은 야금야금 찾아온다. 초저녁이 야심토록 늘어져 있다.

갑판 위에서 '어쩌다 캔 맥주 파티'가 벌어진다. 들뜬 마음에 즐기는 필젠 맥주, 천상의 맛이다. 갈매기가 끼룩끼룩 뱃전을 선회한다. 미국 오하이오 주 신시내티에서 온, 은퇴를 앞둔 초등학교 여선생님들과 '갑판 위의 미팅'도 벌어진다. 선생님들은 지중해 크루징 중이란다. 보름 전 신시내티를 떠나 지중해를 떠돌고 있다는 것이다. 그때나 지금이나 미국인들은 지중해 크루징을 무척 즐긴다.

건축가 김병윤 선생이 부르는 '제비'가 자다르(Zadar) 해안에 멋지게 울려 퍼진다. 아드리아 밤바다는 유난히도 고요했다. 누군가 나직이 말했다. "이탈리아에서 성악을 공부했나 봐……." 이탈리아 산타 체칠리아(Santa Cecilia)* 출신같이 뛰어난 음색이다. 외국 번안곡이어선지 미국 아줌마들도 리드미컬하게 어깨를 들썩인다. 누가 건네줬는지, 캔 커피가 내 손에 쥐어졌다. 분위기가 살짝 오른다. 펄 시스터즈의 '커피 한 잔'이 어설픈 소울풍으로 흐느적흐느적 객기를 부린다. 처음 들어본 리듬에도 미국 선생님들 박장대소다. 이기웅李起雄 열화당 대표의 '린덴 바움(Lindenbaum)'이 한껏 들뜬 분위기를 격상시킨다. 술기운은 국경도 서먹함도 뛰어넘게 하는 묘한 마력을 지녔다. 제비

• 산타 체칠리아 음악원은 이탈리아 명문 음악 학교로 특히 뛰어난 성악가를 많이 배출했다. 엔니오 모리코네, 조수미가 이곳에서 공부했다.

는 없고, 아드리아 갈매기는 더 신이 났다. '키르륵 키르륵.'

밤은 더욱 이슥해진다. 미국 선생님들도 우리 일행도 어디론가 사라졌다. 밤이슬에 빰이 촉촉해진다. 이내 한기가 스멀스멀 바짓가랑이로 파고든다. 먼동이 터온다. 잠을 깨우는 작취미성昨醉未惺*의 소리가 들린다. "머리가 띵하네. 곧 스플리트에 도착한대."

3세기 말에 지어진 디오클레티아누스(Diocletianus) 황제의 궁전으로 고고학적 건축 미학의 극치를 보여주는 스플리트로의 시공간 여행을 건너뛸 수는 없었지만, 나는 내심 디나르알프스 넘어 보스니아 – 헤르체고비나의 모스타르에 꽂혀 있었다. 유럽에서 손꼽히는 요트 투어 명소로 유명한 해안은 한때 이곳이 동구 사회주의의 맹주 유고슬라비아의 한 도시라고 믿기지 않을 만큼 화려했다. 중세 도시의 빼어난 유적이 곳곳에 숨어 있으면서, 바로크 시대 영국 건축에 결정적 영향을 미쳤다는 해설도 건성으로 내 귓전을 흘러갔다.

• 어제 마신 술이 아직 깨지 않은 몽롱한 상태.

모든 걸 태울 듯 작렬하는 태양 너머 사막의 모래언덕처럼 무연한 디나르알프스가 표정도 없이 뻗어 있다. 사납게 생긴 석회질 바위 틈을 비집고 자란 난쟁이 관목들이 억지스럽다. 보스니아 내전의 뒤끝을 막 정리해선지 아스팔트 표면이 뙤약볕 아래 녹실녹실하다. 메마른 공기만 먹고 자란 듯한 포도나무 잎이 흙먼지로 잿빛이다. 남동쪽으로 뻗은 디나르알프스와 국경 도로는 언제 전쟁했냐는 듯 사이좋게 내려간다.

자그레브에서 동쪽으로 세르비아와 맞닿은 오시예크(Osijek)에 산다는 운전기사가 창문을 열어젖힌다. 지중해성 기후에 산악 날씨까지 더해지니 바람마저 삽상하다. 크로아티아의 마지막 국경 마을 이모트스키(Imotski)를 지나친다. 국경은 사람을 들뜨게 한다. 설령 검문 없이 통과하더라도 여행 기분은 한층 새로워진다. 오래된 성당 종탑이 아련히 사라진다.

드디어 국경 포인트 오코예(Ocoje)에 도착했다. 검문소 너머 보스니아 – 헤르체고비나 땅이 헐벗은 채 아스라하다. 용도 폐기된 '캠핑카 사무실'에서 나온 국경 경비원이 버스에 오른다. 동양인의 출현에

보스니아 국경 포인트에서 받은 2003년 7월 22일자 비자.

191

눈이 휘둥그레진다. 여권을 잽싸게 걷어 갔지만 그의 불룩한 배 때문인지 긴장감은 덜했다. 그사이 몇몇 일행은 사무실로 불려도 갔다. 여남은 여권이 다시 돌아오기까지 시간 반은 지나간 것 같다. BiH(보스니아 – 헤르체고비나) 스탬프가 찍혀 돌아왔다. 예비군 훈련 필증만큼이나 반가웠다. 그때도 그곳에서 동쪽으로 100킬로미터 남짓 한 몬테네그로, 코소보는 간헐적인 총성이 이어지던 시절이었다.

휴전선 너머 북쪽의 민둥산 같은 모습이 아득한 중생대를 연상시킨다. 거대한 매머드 엉덩이 같은 산도 보인다. 그 사이로 폭 파묻힌 '전쟁 영화 세트장'이 나타난다. 모스타르다. 언덕길을 휘감아 내려갈수록 초현실적 풍경이다. 내전이 끝난 지 7년이 지났건만 상처는 깊고 처절하다. 싸우다 싸우다 지쳐 탈진해 쉬고 있는 모습이다.

모스타르는 오스만튀르크의 이슬람 사원, 로마 시대부터 내려온 비숍(Bishop) 교구청, 동로마 제국의 정교회, 거기에 유대교 회당인 시너고그(Synagogue)까지 보이는 종교 유적의 전시장이었다. 터키식 공중목욕탕인 하맘(Hamam)과 프란체스코 수도원이, 그리고 카라도즈 베이 모스크와 유대인 묘지가 한곳에 섞여 있는 기이한 도시였다.

보스니아 오코예 국경 검문소.

물론 힘의 균형이 팽팽할 땐 공존했지만 극단적인 괴물이 나타나면 물고 물리는 검투장으로 변했다

　구 유고 연방의 맹주 세르비아는 그동안 인종 청소나 하는 야만 국으로 온 세상의 비난을 받아왔다. 그러나 '모스타르의 보석', 스타리 모스트(Stari Most)*의 사연을 듣고 나면 얘기는 달라진다. 네레트바 (Neretva) 강 위에 올려진 '오래된 다리'를 의미하는 이 아름다운 건축물을 날려 보낸 것은 크로아티아 방위군이었다. 1993년 11월의 일이다.

　1557년 오스만 황제 술레이만의 명으로 한 땀 한 땀 공들여 만든 아치 다리로 오스만의 뛰어난 건축가 시난에 의해 설계되었다. 크로아티아는 이슬람의 절정기 때 놓인 아드리아 해로의 통로를 끊어놓고 싶었다. 내가 방문했던 2003년에도 다리는 이어졌지만 다리 꼴은 졸속의 시멘트 다리였다. 조악한 땜질에 지나지 않았다. 유네스코에

---

* 16세기 오스만 제국 시대 때 지어진 아치형 돌다리. 내전의 아픔이 있는 보스니아에서 이슬람 지구와 가톨릭 지구를 하나로 이어주는 역할을 했다. 2005년 세계문화유산에 등록되었다.

2003년 시멘트로 복원된 조악한 스타리 모스트.

의한 과학적 복원 과정을 거쳐 지금 같은 아름다움을 되찾게 됐다. 그 과정에서 터키 정부도 복원 전문가를 파견하여 자존심 회복에 도움을 준다.

2004년 7월, 유네스코는 이렇게 명시했다. "오래된 다리는 이 도시의 발전과 번영을 이끌었다. 다리는 이 시의 존재 이유다." 16세기 오스만 최전성기를 이룬 술탄 술레이만은 아드리아 해를 손아귀에 넣으면서 발칸을 쥐락펴락했다. 실제 '다리의 파수꾼'을 항시 배치해서라도 '스타리 모스트'는 아드리아 해 가는 길을 안전하게 열었다.

구시가지를 돌아본다. 윤곽만 초라하게 남아 있는 돔 곁에서 품고 있는 삶에 대한 의지가 눈물겹다. 카페 마티카의 해맑은 간판이 주변과 딴판이다. 19세기 중반 미국 서부 개척 시대 마카로니 웨스턴(Macaroni Western)˙에 나오는 멕시코 국경 마을과 흡사한 을씨년스런

• 1960, 70년대 이탈리아에서 만든 미 서부극을 이른다. 멕시코를 무대로 잔혹한 장면을 강렬하게 그려냈으며 기존의 틀을 깬 방식으로 각광 받았다.

거리 풍경도 보인다. 주민 중에 남자들이 안 보이는 것도 비슷하다. 이슬람, 정교회, 가톨릭 세력 간의 삼각 난타전 끝에 남정네 태반이 사라졌단다. 자연의 섭리인 성비 균형을 되찾는 데 무려 20여 년의 세월이 흘렀다.

  가톨릭 문명의 크로아티아가 아드리아 해를 따라 길쭉이 뻗어 내려 두브로브니크를 차지한 것은 역사적 필연이었다. 보스니아의 유일한 항구 역할을 하는 해안 도시 네움(Neum)의 존재가 애처롭다. 네움을 통과해야만 두브로브니크로 들어갈 수 있었으니 크로아티아 입장에선 목구멍의 가시 같았다. 두브로브니크와 네움의 존재는 가톨릭과 이슬람 간의 땅따먹기 싸움의 극명한 산물이다. 달마티아 해안을 온전히 장악한 관광 대국 크로아티아를 만드는 데는 그런 치열한 역사가 깃들어 있다. 검문소 세 곳을 통과하고서야 두브로브니크 가는 길이 열린 그해 여름이었다.

  "유럽 선진국들이 문명과 예술의 상징적 도시, 두브로브니크에 대한 포격 하나 멈추지 못한대서야 말이 되는가?" 프랑스 학술원 회장

2003년 몇 안 되는 카페 중 하나인 '카페 마티카'.　　길 오른편으로 이슬람 모스크들이 보인다.

장 도르메송(Jean d'Ormesson)은 연일 호소했다. 세르비아 해군이 포격을 퍼부은 두브로브니크로 프랑스 지식인 열세 명을 태운 범선 '크틸라 두브로브니크'가 접근했다. 세르비아 해군은 막무가내였다. 한 발짝도 못 오르고 발만 동동거렸다. 프랑스 최고 지성의 이 한마디는 유고 내전의 참상보다 더 비중 있게 언론의 주목을 받았다. 이를 계기로 두브로브니크의 존재는 전 세계로 알려졌다.

당시 학술지 편집을 책임지던 나도 그때 처음 두브로브니크란 지명을 들었다. 크로아티아는 인간 사슬을 해서라도 저항하려 했다. 시가지 전체가 유네스코 문화유산으로 지정된 탓에 서방 세계는 연일 안절부절못했다. 영국 극작가 조지 버나드 쇼(George Bernard Shaw, 1856~1950)가 '지상의 낙원'이라 격찬했던 두브로브니크는 그렇게 모두의 가슴에 깊이 각인되었다.

해안 절벽 아래로 앙증맞은 해수욕장들과 장난감 같은 요트가 소나무 사이로 나타났다 사라지기를 거듭한다. 구시가지가 먼발치로

두브로브니크로 들어가는 현수교.

들어온다. 얼마 전에 모습을 드러낸 현수교 앞에서 여행객들이 하나둘씩 포즈를 취한다. 사이프러스와 올리브 숲 사이로 붉은 지붕과 성곽, 교회 종탑이 문득 드러난다. 코발트블루 해안을 배경으로 비슥이 석양이 기운다. 별색의 향연이 펼쳐진다.

'아드리아 해의 진주, 중세 유럽의 보물 창고.' 어느 시인이 노래했던가. 故 권삼윤 선생은 "순간 심장박동이 멎는 것 같았다"고 표현했다. 그 묘사를 넘어 나는 눈을 의심할 정도였다. 제대로 형언할 수 없는 둔감한 감성을 탓할 뿐이다. 몇 시간 전 모스타르의 폐허를 목도하고 왔던 나에겐 다름 아닌 꿈속의 풍경이었다.

외딴곳에 치우친 지리적 낭패를 외려 활용한 두브로브니크는 역사의 여울목마다 빛났다. 가톨릭과 이슬람, 그리고 정교회 세력을 적절히 오고 가는 등거리 교류로 지렛대 역할을 했다. 헝가리와 오스만튀르크, 베네치아와 합스부르크 제국의 영향하에 부침을 거듭했다. 열악한 조건에서 외줄 타기는 위험했다. 바다를 통한 장사에 치중할 수밖에 없는 운명의 두브로브니크. 한때 자유무역 도시로 부를 쌓으며 풍요를 꾸려나갔다. 베네치아의 지배하에 들어갔을 때 해상

마을 주민들의 빨래가 정겹게 걸려 있다.

지도에 표시된 지명들 (손글씨):
러시아, 크림반도, 아조프해, 세바스토폴, 흑해, 러시아 곡창에서 물자이 모이는, 오스만, 다르다넬스 해협, 보스포루스, 사이프러스, 툴라, 리예카, 베네치아, 스플리트, 라벤나, 사라예보, 다뉴브강, 히바르, 몬타긴, 코르출라, 두브로브니크, 코르시카, 마르코 폴로의 힐터 코르출라, 사르데냐, 바리, 브런디지, 시실리아, 케르커라, 그리스 아테네, 에베이아, 파르라, 올림피아, 스파르타, 크레타, 로마, 지중해

- 8세기 부터 18세기말 까지 무려 1000년 영화를 누렸던 베네치아
  16,17세기 오스만의 부세로 잃고만 듣다.
- 그래도 무역엄. 7해 하나 마음대 탄탄 물소이 들어 하거나 대외교역이
  활발한 지역, 브래벽 마음은 붙들고 있다.
- 지중해 원만한 하역에는 베베치안 모세가 있다.

썩어도 준치
베네치아

16세기 베네치아: 오스만 지배 영토
~ 지중해 주요 항구로 그래도 체지하고 있다
베네치아가

무역의 거점으로 아드리아 해는 물론 지중해의 번창한 항구로 자리
매김됐다.

내리꽂히는 햇볕 때문에 성곽 길이 달궈졌지만 습기 없는 하늬바람으로 발걸음은 가벼웠다. 구시가지 정문인 필레 관문에 들어서면 영락없는 중세의 풍경이 펼쳐진다. 오노프리오 분수, 성 블레즈 수도원을 차례로 만난다. 이곳의 플라카 거리도 태양의 궤적을 따라 동서로 길게 뻗어 있다. 거리의 화가 앞에서 발길이 멈춘다. 아드리아 해에 잠긴 두브로브니크 성채를 그린 수채화 하나를 집어 든다.

두브로브니크 시내 전체를 한 컷에 담을 요량으로 산 중턱 전망대에 오른다. '2003년 나만의 드론 촬영'이었다. 디지털카메라의 해상도가 어설프던 시절이니 모노컬러 톤의 뭉개진 두브로브니크로 남았다. 요즈음의 예능 프로나 여행 상품에 등장하는 '완벽한 두브로브니크'보다 훨씬 정겹고 아름다운 두브로브니크였다.

때론 화려하고 선명한 원색보다는 흑백 수묵화 같은 빛바랜 추억이 훨씬 아련하게 다가온다. 내 마음속의 두브로브니크는 그때나 지금이나 눈부시게 빛나고 있다.

시골 운동장 같은 두브로브니크 공항.
파리행 에어유로파 비행기.

Athens, Greece

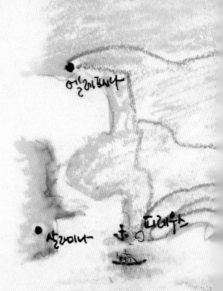

붉은 석양을 따러 나온
수니온 곶의 포세이돈

마라톤
펜텔리
아테네
아티카 동물원
라피나
아테네 국제공항
미토스
YMITTOS
글리파다
파니오
포세이돈 신전
수니온 곶
Sunio

아테네 Athens

신화와 철학으로 버티는
형이상학의 나라

유럽 문명의 뿌리이자 서구 민주주의의 발상지인 그리스 체통이 말이 아니다. 나라 곳간이 거덜 났으니 에게 해의 섬이라도 팔겠다는 기세다. 투자의 귀재 워런 버핏은 코린트 섬 인근 아기오스 토마스(Agios Thomas) 섬을 경합도 없이 사들였다. 미국 배우 조니 뎁도 에게 해의 작은 섬 스트론질로(Stroggilo)를 헐값에 사들였다. 그리스 제2의 도시 테살로니키 항구, 크레타 이라클리온 공항, 심지어 산토리니 공

성수기에도 점심때만 반짝하고 오후 내내 한산하던 식당가.

항까지 돈만 잘 쳐주면 기꺼이 넘기겠다고 공언한다.

　사람도 나라도 한번 망가지면 나락으로 떨어지는 속도는 더 가팔라지나 보다. 빨치산 활동을 하러 떠나는 연인을 안타까워하며 노래한 미키스 테오도라키스(Mikis Theodorakis)*의 '기차는 8시에 떠나네'가 오늘의 그리스 처지 같은 슬픈 형국이다.

　그리스를 바라보는 시선은 싸늘하다. 조상 덕이나 보며 관광에나 의지한 채 복지 타령만 했으니 누구 탓을 하냐는 것이다. 독일, 프랑스 등 유로존 국가로부터 빌린 돈이 대부분이다 보니 배 째라식 응석만 부린다는 반응이다. 국제통화기금(IMF)이나 유럽중앙은행(ECB) 등의 국제금융 시스템으로부터 꾼 돈은 적으니 오히려 채권국들이 안절부절못하는 기이한 채권 채무 상황이다. 을이 갑을 갖고 노는 꼴이다.

　허리띠를 졸라매라고 사정해도 국민들이나 정파 간이나 생각은

* 노래로 부당한 현실과 독재에 항거한 그리스의 국민 작곡가로 한때 정치에도 뛰어들었다.

영 딴판이다. 그렉시트(Grexit)를 들먹이며 겁도 주면서 내 식대로 살 겠단다. '설마 우리를 어떻게 할까' 하는 정부의 도덕적 해이, 거기에 자기 뱃속만 챙긴 공무원 부패까지 만연하니 허황된 말들만 둥둥 떠 다닌다. 게다가 비슷한 증세를 앓고 있는 포르투갈, 이탈리아, 스페 인과 함께 'PIGS'로 이미지가 망가지며 부끄러움조차 잃어버린 것 같다.

고대 민주주의가 태어난 나라에서 부패와 뇌물의 덫이 나라 발목 을 잡는 아이러니다. 기원전 776년부터 이어졌던 '올림픽의 나라'가 2004년 아테네 올림픽 이후 급격히 망가지는 불가사의한 일이 벌어 지고 있다.

20세기 중반까지 조선, 해운, 관광 산업으로 모범국이었던 그리스 는 탄탄한 국가 브랜드와 함께 천만의 적정한 인구로 '규모의 경제

• 그리스(Greece)와 출구(Exit)의 합성어로 그리스의 유로존 이탈을 의미 한다.
• 포르투갈, 이탈리아, 그리스, 스페인의 머리글자를 딴 영어 조어로, 미 시사 주간지 《뉴스위크》의 '왜 돼지는 날지 못하나' 기사에 처음 등장했다.

지중해 크루즈에서 잠시 내린 미국 관광객들. 우리만큼 셀카봉을 좋아한다.

(Economy of Scale)[•]를 꾸려나갈 수 있는 선망의 국가였다. 세기의 퍼스트레이디 재클린 케네디는 존 F. 케네디가 비명횡사하고 얼마 되지 않아 그리스 선박왕 오나시스의 품에 안긴다. 아테네를 품은 아티카 반도의 끝자락 수니온(Sounion) 곶의 포세이돈 신전에서 코발트빛 에게 해를 바라보며 행복에 겨워한다. 파리 소르본 대학에서 공부했던 '세기의 연인'은 그렇게 지중해를 사랑했고 그리스의 부를 동경했다. 영국 낭만주의 시인 바이런(George Gordon Byron, 1788~1824)도 이곳의 풍광에 취해 꿈결같이 아름다운 시를 읊는다.

그리스의 섬들, 그리스의 섬들이여!

불타듯 열렬한 사포가 사랑하고 노래하던 곳,

• 생산 규모 확대에 따른 비용 절감 또는 이익 향상을 말한다. 대량생산만을 능사로 여기지 않고 최적의 요건으로 이익을 극대화하여 분배·복지가 수월해지는 경제 규모를 일컫기도 한다.

파르테논 신전.
100년 전이나 50년 전이나 지금이나 이 풍경 하나만큼은 만고불변이나, 그만 나라 꼴은 거덜이 났다.

전쟁과 평화의 기예가 성장했던 곳,

델로스가 솟아오르고 아폴론이 태어났던 곳!

– 바이런, 「그리스의 섬들」 중

사로니코스(Saronikos) 만을 낮게 선회하던 비행기는 하이메테스 (Hymettus) 산을 옆에 끼고 아테네 국제공항으로 접근한다. 통째로 패인 대리석 산이 살풍경이다. 2004년 아테네 올림픽 주경기장도 고대 경기장을 빼닮은 말발굽 모양인데 몽땅 대리석으로 치장했다. 경기 장을 대리석으로 만들었으니 품격은 높았겠지만 뒷감당은 안 됐던 게다. 현실에 맞지 않는 명분은 허탈하기만 하다.

9월 중순 한창 여행객으로 붐벼야 할 아테네 국제공항은 스산하다. 에게 해를 모조리 품고 있고 아드리아 해 어디로나 연결할 수 있는 허 브 요건을 갖췄어도 한가한 지방 공항으로 전락했다. 지중해를 선회 하는 크루즈들이 때를 만나 북적이는 것에 비하면 퍽 이례적이다.

한산한 아테네 공항.

플라카(Plaka) 거리에 까마득히 솟은 아크로폴리스(Acropolis) 위로 구름 한 점 없다. 건기로 비 한 방울 안 내렸으니 세상의 모든 것이 말랐다. 올리브 숲도 회백색이다. 오늘도 아크로폴리스는 공사 중이다. 파르테논 신전 곳곳에 철제 빔이 하늘 높이 치솟았다. 아크로폴리스가 존속하는 한 공사가 그칠 날이 있을까, 크레인을 발명하고 나서 저 신전에 올라붙지 않은 적이 있을까……. 유네스코가 붙인 복원 과정이 장승처럼 서 있다. 마치 유네스코가 '파르테논 덫'에 걸려 있는 것 같다.

하긴 파르테논 신전은 유네스코의 신줏단지 같은 '문화유산 제1호'다. 아테네의 수호신인 아테나를 기리는 신전이니 건축미나 위용에서 모든 신전을 압도한다. 축조 당시 아름다운 건축양식인 도리아식으로 모든 들보를 치장했으니 신전 중의 으뜸임은 분명하다. 우리의 배흘림기둥과 비슷한 엔타시스(entasis)*가 폐허를 받치며 하늘 아래 볼록하게 돋보인다. 신을 떠받치는데 허약해 보이면 안 될 터, 불안한 착시 현상을 극복해서라도 아테네의 중심임을 보여주고 싶

• 고전 건축에서 원기둥의 불룩한 곡선부를 말한다. 안정감을 주기 위해 미학적으로 마감하는 기법이다.

엔타시스 기법.

었을 것이다. 파르테논은 폴리스의 당당한 주인으로 거듭났다.

처음엔 위풍당당했건만 세월이 흐르면서 슬픈 운명을 맞이한다. 비잔틴 시대 땐 동방 정교회 건물로 사용되더니만 십자군 전쟁 때는 가톨릭 성당으로 바뀐다. 우여곡절 오스만 제국이 아테네로 들어오자 이젠 모스크로 둔갑한다. 서서히 뒤바뀌고 부서지고 변색되던 신전에 치명적 사건이 벌어진다.

1678년 당시 지중해를 쥐락펴락하던 베네치아 공화국이 아테네를 장악했던 오스만튀르크를 공격한다. 그때까지 아테네 시내에 우뚝한 아크로폴리스는 난공불락의 성채였다. 파르테논은 오스만에게 최적의 탄약 창고로 기능했다. 파르테논에 포탄을 퍼부으니 신전은 열주만 남긴 채 산산이 날아갔다. 승자인 베네치아군은 약탈도 서슴지 않았다. 승자는 포만감에 도덕적 해이에 빠진다. 여자를 취하고 재물을 탐하는 것은 역사 이래 모든 승자들의 관행이었다.

또 세월이 흘렀다. 이젠 오스만튀르크가 아테네를 장악했다. 19세기 초반 영국인 엘긴 경 토마스 브루스(Thomas Bruce, 1766~1841)가 나타난다. 영국 대사로 아테네에 부임하게 된 그는 오스만튀르크의 무관심 아래 아무 거리낌 없이 아크로폴리스를 휘젓고 다녔다.

1801년부터 무려 십여 년간 파르테논의 프리즈(frieze)*, 프리즈의

---

* 건축물의 외면이나 내면에 붙인 띠 모양의 장식물을 뜻한다.

아크로 폴리스, 신타그마. 리카비토스 지역

리카비토스

아기오스 조래기스 교회

오미아광장

아테네
카테드랄(대예이 예항

콜로나키
고급 명품 가게들과 화려한 카페,
레스토랑이 불야성을 이뤘다.

신타그마 광장

그리스
의회

아크로폴리스

아레나테이움

대력소스극장

파르테논

국립정원

내셔널 가든

제게아온

제우스신전

플라자

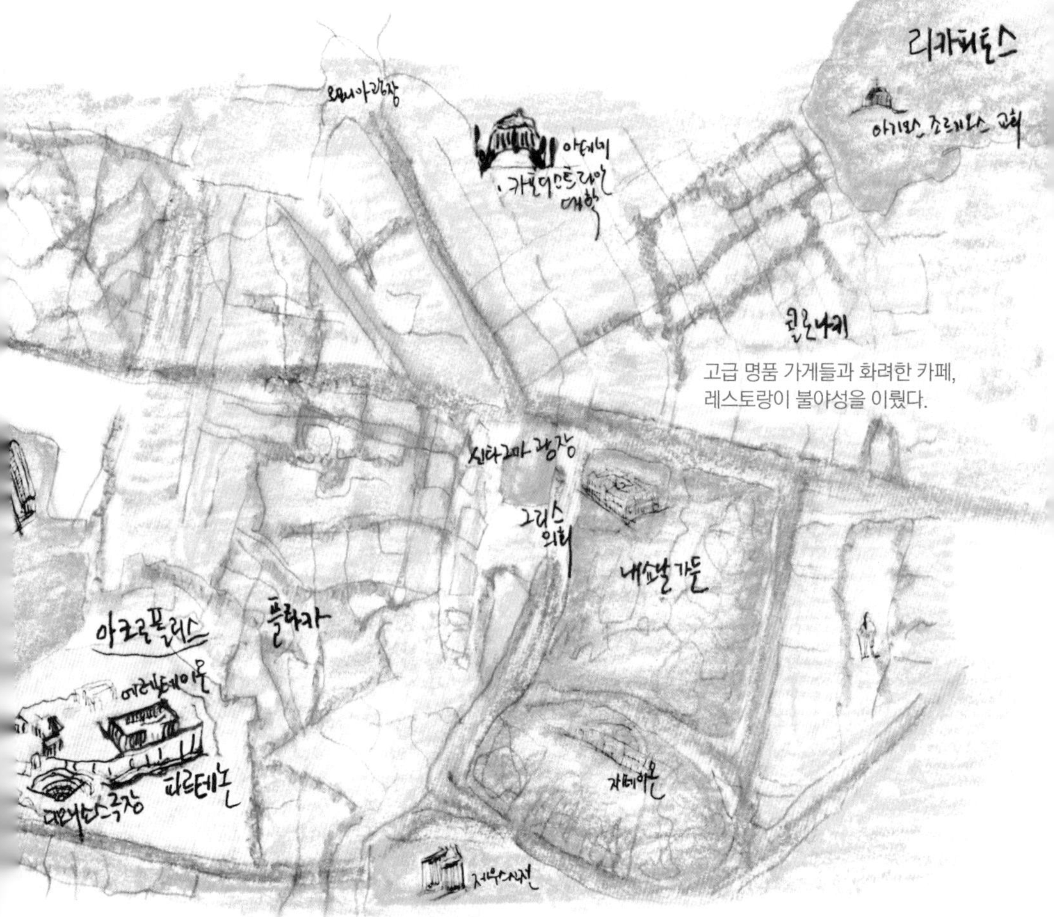

조각판인 메토프(metope), 페디먼트(pediment)˚의 조각품을 모조리 떼어내 런던으로 가져간다. 무려 250여 점이 헐값에 반출된 것이다. 이슬람의 묵인하에 합법을 가장한 약탈이었다. 더 가관은 '엘긴 마블스˚˚'를 3만 5,000파운드에 땡처리한 것을 영국 의회가 승인했다는 것이다. 처음부터 되돌려줄 생각은 전혀 없었으므로 대영박물관 깊숙이 수장하거나 벽에 견고히 부착했다.

눈 뜨고 도둑맞은 그리스 사람들은 지난 200여 년간 끊임없이 반환 요청을 했건만 영국 정부는 미동도 안 한다. 심지어 영국은 자기 식대로 해석한다. 반환은 그리스인들이 진정으로 원치 않을 것이고 책을 불사르는 것만큼 나쁜 일이라고. 심지어 '문화적 파시즘'으로까지 몰아세운다. 적반하장은 유럽 선진국들의 한결같은 논리다.

식민 지배를 받았던 나라들이 나라 꼴을 갖추면서 빼앗긴 자국 문화재를 되찾고자 한다. 우리나라도 '국외소재문화재재단'을 중심으

˚ 고대 그리스 신전의 박공. 박공은 건물 입구 위쪽과 지붕 사이의 삼각형 벽으로, 장식을 하거나 독특한 형태로 만들어진 경우에 페디먼트라고 부른다.
˚˚ 엘긴이 약탈해 간 파르테논 신전의 대리석 조각으로 지금은 대영박물관에 소장되어 있다.

아크로폴리스 뒷길의 허술한 길과 카페.

로 뒤늦게 움직이고 있다. 힘없고 가난했던 나라들의 동병상련이다.

원색의 반바지 차림 여행객들은 파르테논을 배경으로 멋진 포즈를 취한다. 배경이 화려하면 정작 피사체는 후줄근하게 보이는 법인데 열주만 남은 폐허는 오히려 최적의 포토존이 됐다. 때론 대통령 내외도, 시장통 상조회 아줌마 아저씨도 이곳서 선글라스를 끼고 갖은 포즈를 취한다. 크루즈 여행 할매 할배들의 넉넉한 허리는 딱 엔타시스 기둥을 닮았다. 지붕 없는 파르테논과 민머리의 미국 할아버지들이 퍽 어울린다.

캐나다 몬트리올에서 온 한 중년 부부가 카메라를 들고 다가온다. 동서양을 막론하고 나이 든 여행객들은 예전 그대로다. 젊은 커플들은 셀카봉이 있으니 주위를 두리번거리며 부탁할 필요가 없다. 이들에게 셀카봉은 기능성 물건이 아니고 거의 패션인 것 같다. 찰나의 기억은 사진으로 더 아름답게 빛날 것이다.

북동쪽으로 눈길을 돌리자 리카비토스(Lykavittos) 언덕이 시가지 한복판에 덩그러니 솟아 있다. 솟았다기보다 누가 허공을 가르며 떨

아크로폴리스에서 본 리카비토스.

어뜨린 듯한 형상이다. 꼭대기에는 암반이 도넛 모양을 만들었고, 허리 아래엔 삼나무 숲으로 치마를 둘렀다. 아테네는 어디를 둘러봐도 척박한 바위산뿐이다. 산이 있으면 계곡이 있기 마련인데 시내엔 변변한 물길조차 안 보인다. 공원이나 광장 어디에서도 수도꼭지 하나 놓인 걸 못 봤다. 분수대는 조각 작품으로만 존재한다. 포세이돈의 저주는 끈질기다.

　아테나와 포세이돈이 도시 이름을 놓고 다투었다. 서로 시민들의 환심을 사려고 선물을 준비했다. 포세이돈이 삼지창으로 바위를 내려치니 바위 틈에서 물이 솟구쳤다. 그런데 찝찔한 소금물이 아닌가. 시민들은 손사래를 쳤다. 이번엔 아테나가 방패로 땅을 팍 내리찍으니 그 자리에서 올리브 나무가 자랐다. 기름은 물론 열매까지 풍성했다. 시민들은 아테나 손을 들어줬다. 덕분에 그렇게 아테네가 도시 이름으로 정해졌다. 심통이 난 포세이돈은 아테네에 저주를 내린다. 항상 말라비틀어진 채, 척박하게 살아가라고…….

　만신창이 나라 경제를 보여주듯 플라카 거리의 기념품 가게와 공방 등 온갖 가게는 하나같이 세일 중이다. 그러니 굳이 세일 안내문을 붙이는 것이 웃음거리가 될 뿐이다. 지금 아테네에서 세일은 불문율이다. 유로존 국가이면서도 유로가 바닥났으니 한 푼이라도 현금을 챙기겠다고 아우성이다. 아테네 공항에 내렸을 때부터 '현금 인출기 사용도 여의치 않으니 미리 대비하라'는 경고 메시지가 떴다. 한국외교통상부 발신 메시지는 그 후에도 몇 차례 이어졌다.

터키에 인접한 그리스령 레스보스 섬으로 탈출하려는 시리아 난민들이 탄 선박이 전복됐다는 소식이 연일 뉴스를 탔다. 발칸 반도에서 헝가리나 크로아티아 국경을 넘으려는 난민들과 이를 저지하려는 국경 수비대의 눈물겨운 실랑이가 화면에 가득하다. 난민 사태와 그리스 경제난이 겹쳐지며 그리스는 대혼돈이다. 하필 이때 아테네로 들어왔으니 마음이 자연 가라앉았다.

플라카 거리 길모퉁이에서 아코디언을 켜는 소년의 우수 어린 눈매 아래로 동전을 건넨다. 신타그마 광장(Syntagma Square)* 초입의 식료품 가게도 빵집도 마냥 떨이 중이다. 웨딩 소품점도 뚝 잘라 반값이다. 유로 현금 결제면 반의 반값에 살 수 있는 수공예품도 있다. 2015년 9월의 아테네는 모든 자존심을 벗어던졌다.

쇠잔한 아테네 시내를 벗어나고 싶었다. 해질녘의 리카비토스 언덕을 오르려 마음먹었다. 이미 한 시간여 신타그마 광장 뒷골목을 서성였다. 할 일 없이 왔다 갔다 하면 필경 '삐끼'한테 걸려든다. 아니나 다를까 한 노인이 접근해 온다. 그런데 의외다. 말쑥한 차림의 교양 넘치는 말투였다. 머리가 허여니 대뜸 일본 사람이냐고 묻는다. 그러고 보니 일본인들은 머리가 빨리 세나 보다. 잔머리를 잘 굴려

* 신타그마는 그리스어로 '헌법'을 뜻한다. 1843년 최초의 헌법이 공포된 장소로 아테네의 중심 광장이다.

서 그런가……

노인의 거침없는 영어가 속사포처럼 이어진다. 지난번 남아공 월드컵에서 너희 나라에 져 예선에서 떨어졌다고. 그리스는 2010년 월드컵에서 우리나라에 맥없이 무릎을 꿇었다. 이 노인은 여행자 국적별로 이야기 소재가 준비된 것 같다. 최근 사태까지 들먹인다. 어디 가서 커피나 한 잔 하자고 손을 잡아끈다. 해는 뉘엿뉘엿 넘어가고 있었다. 리카비토스에 가야 한다고 정중히 사양했다. 이슥한 밤, 호텔 인근 노천 카페에서 그를 또 만났다. 그곳서 웬 사내와 수다를 떤다. 눈을 안 맞추려고 이내 자리를 피했다. 담론의 나라 그리스의 노인답다.

아테네의 부자 동네를 거슬러 오른다. 나라는 거덜 났어도 명품 골목은 어떨까 궁금해졌다. 콜로나키(Kolonaki) 어귀의 야외 카페에도 빈자리가 없다. 초저녁임에도 불구하고 명품 플래그 숍*에 발길이 끊이지 않는다. 명품족에게 외환 위기는 달나라만큼이나 먼 이야기다.

• 가장 크고 영향력 있는 본점 같은 성격의 화려한 매장을 가리킨다.

웨딩숍 아스마니스도 몽땅 떨이 중이다.

어느 나라건 경제 위기 부담은 온전히 서민과 중산층에 얹힌다. 보통 사람들과 차별되는 것을 좋아하는 게 명품족인데 이 나라도 예외는 아닌 것 같다.

부자들은 언덕(Hill)을 좋아하나 보다. 언덕은 서민 동네와 적당히 단절되고 전망까지 좋으니 부자들은 자꾸 꼭대기로 오른다. 서울의 성북동과 한남동이 그렇고 미국의 비벌리 힐스도 그렇다. 그 옛날엔 가난한 사람들이 평지의 개발에서 밀려나 할 수 없이 언덕배기에서 올망졸망 모여 살았다. 언덕은 삶의 터전으로 볼 때 이중성을 지녔다. '가난이 누적'되면 언덕배기나 비탈에 올라붙고, '부가 축적'되면 전망 좋은 언덕에 오른다.

멀리서 보면 석회암 바위 덩어리만 오롯이 보인다. 언덕을 오를수록 소나무 숲이 짙푸르게 다가온다. 소나무가 대세인데 삼나무와 올리브도 뒤섞여 대오隊伍를 흐트러뜨렸다. 붉은 수평선 아래 피레우스 항구에 하나둘 불이 밝아온다. 그 너머 해전으로 유명한 살라미스(Salamis)가 선명한 윤곽을 드러낸다. 아테네 밤의 프롤로그다.

낮에 힘겨워하던 아테네가 밤으로 접어들며 아연 활기를 띤다. 아

콜로나키 회랑의 카페들은 연일 문전성시다.

217

크로폴리스 위의 파르테논이 이곳이 서구 문명의 태두임을 오만하게 뽐낸다. 하긴 저 자존심만 내세우며 흘러간 영광만 반추하다 이 꼴이 되었다. 휘이휘이 오르다 문득 돌아본 아테네의 초저녁 야경, 옅은 실루엣 속 에로틱한 자태다.

산복山腹 도로 양편에 선 나무가 호위 무사 같다. '늑대들의 언덕'이란 뜻의 '리카비토스 언덕'은 거친 모래땅과 암반투성이인데 나무가 세차게 뻗어 있다. 정상부 석회암층에서 스펀지처럼 빨아들인 빗물이 암반 밑으로 스며들어 아래쪽에 숲을 이룬 것이다. 물론 건천乾川으로 대부분 쓸려 내렸겠지만, 의문은 풀린다. 아테네를 둘러싸고 있는 다른 석회암 산들에서도 이런 투수 현상이 벌어진 모양이다. 포세이돈의 저주도 아테나 여신의 궁즉통 앞에선 무기력했다.

빤히 보이는 정상인데도 여간해서 안 잡힌다. 산은 속고 속아, 참고 참아 오르는 불가佛家의 고행 같다. 그렇기에 신심 깊은 도량道場은 산속 깊숙이 숨어 있게 마련이다. 숨이 차오른다. 해발 277미터로 서울 남산보다 높으니 산책이 아니라 등산에 가깝다. 꼭대기에서부터 불어온 산바람이 등짝으로 파고드니 시원하기 그지없다. 수풀을 비집고 이름 모를 새 울음소리도 들려온다. 인적까지 끊겼다. 분위기가 딱 '늑대들의 언덕'이다.

• 폭우가 내린 경우에만 흐르는 하천으로 건조 지역에 발달해 있다.
• 석가모니가 처음으로 보리수 아래서 득도한 자리로, 부처와 보살이 머무는 신성한 곳을 뜻한다.

아테나는 막 태어난 에리크토니우스*를 바구니에 담아 케크롭스*의 딸들에게 맡긴 뒤 절대 열지 말라고 신신당부했다. 그리고 아크로폴리스를 만들기 위해 산을 가지러 팔리니(Pallini)로 갔다. 신이나 인간이나 열지 말라 하면 더 열고 싶은 법. 케크롭스 딸들은 그만 바구니를 열었다. 이 사실을 까마귀로부터 전해 들은 아테나는 분노한 나머지 옮기던 산을 내동댕이쳤다. 그것이 리카비토스 언덕이다. 동서를 막론하고 신들은 힘도 세지만 절경을 만드는 재주가 뛰어난 것 같다. 설악산 미시령을 넘자마자, 아름다움에 숨을 멎게 하는 울산바위 전설이 떠오른다.

검푸른 밤으로 빠져드는 아테네의 야경과 대조를 이루는 에게 해의 낙조가 초현실을 연출한다. 호메로스가 그랬던가! '에게 해는 포도주처럼 붉은 바다'라고. 에기나(Aegina) 섬 수평선 위로 주우욱 검붉은 포도주가 흩뿌려졌다.

초현실은 금세 천상의 세계와 연결된다. 18세기에 지어진 '아기오스 조르기오스(Agios Georgios)' 교회가 이곳은 더 이상 오를 수 없는 '신의 영역'임을 얘기한다. 소박한 이콘(icon)* 몇 점 걸린 조그마한 교회지만 부활절엔 불꽃 행렬 구경하러 아테네의 온 성령들이 다 모여

• 불과 대장간의 신 헤파이스토스의 아들로 대지에서 태어났다고 알려진 아테네의 왕이다.
• 아테네 최초의 왕이자 문명의 영웅으로, 상반신은 인간의 모습이지만 하반신은 뱀 또는 용의 모습을 하고 있다.
• 주로 동방 교회(동방 가톨릭 교회와 동방 정교회)에서 볼 수 있는 성화를 가리킨다.

드는 곳이다. 속진에서 벗어나 가파른 산을 돌고 돌아 성소에 오르면 누구나 경건해 지는 법이다. 땀깨나 흘리며 세속의 기운을 정화한 후 맞닥뜨린 신은 더욱 애틋하고 영험할 것이다.

교회는 바닥을 빼곤 성화로 빼곡하다. 열 평 남짓한 내부지만 그리스 정교회의 신령이 옷깃에 스며드는 듯하다. 종교는 다르지만 두 손을 모은다. 천장의 빛바랜 프레스코화가 내게 다가온다. 종교는 높은 곳을 지향한다. 교회 첨탑이 높아질수록 신과의 소통이 쉬워지나 보다. 높은 곳을 지향하는 것은 신만이 아니다.

꼭대기엔 어김없이 전망 좋은 스카이라운지가 있다. 밤의 아테네를 굽어볼 수 있는 카페와 레스토랑은 처음부터 유명세를 탔다. 성수기엔 케이블카를 타고 올라온 여행객들로 북적여 '게으른 산책자'들에겐 어림도 없다. 그러나 뭐 대수냐! 자판기에서 뺀 음료수면 족하다. 교회 난간에 걸터앉아 고개를 파노라마로 돌려본 호사, 세상 무엇과도 바꿀 수 없는 순간이다. 언덕을 내려오다 올려다 본 바위산 위 아기오스 조르기오스 교회에 빛의 축복이 내려지고 있었다.

아테네에서 태어나, 아테네에서 죽은, 아테네를 온전히 품은 철학자로 소크라테스가 있다. 아고라 광장에 불쑥 나타나 문답식 이야기로 좌중을 이끌었던 소크라테스(Socrates, BC 470?~BC 399). 아고라는 재판도 열리고 시장도 서던, 당시 아테네 공동체의 중심이었다. 철학이 저잣거리에서 논해지고 각자의 내면적 세계로 들어가는 계기를 마련했던 아고라와 소크라테스.

그전까지 아고라의 터줏대감은 소피스트(Sophist)들이었다. 자질구레한 일부터 모든 의사 결정, 심지어 목숨이 걸린 재판까지 현란한 말재주로 설득하길 일삼으며 모든 걸 해결하려 한 소피스트들이 아고라의 주인이었다. 급기야 웅변술을 돈을 받고 가르쳤으니, 현자賢者를 뜻하던 소피스트가 궤변가로 타락했다.

그때 소크라테스가 나타난다. 번드르르한 말재주로 남을 현혹해선 안 되고 끊임없는 문답으로 진실에 다가가야 한다고 말한 소크라테스. 그러나 소크라테스는 결국 아테네 시민들에게 버림받는다. 과연 "너 자신을 알라"는 부질없는 명제인가. 척박하기 이를 데 없는 아고라에서 생각해본 소크라테스와 소피스트들. 까마득한 세월만큼이나 비현실적이다.

피레우스와 에기나의 수평선으로 검붉은 석양이 물들고 있다.

오모니아(Omonia) 뒷골목 낡은 벤치에 웬 '거리의 철학자'가 걸터 앉아 식물 도감류 책을 보고 있다. 행색은 딱 노숙자인데 예사롭지 않다. 비닐 가방에도 책이 빼곡하다. 어제 신타그마 광장 한편의 노숙인과 달리 지혜의 가방을 끼고 다닌다.

철학자 디오게네스가 떠오른다. 그도 행색은 추레했지만 자신의 헐벗은 모습을 한 번도 부끄러워하지 않았다. 알렉산드로스 대왕과 맞닥뜨린다. "나는 대왕 알렉산드로스다. 네가 원하는 것을 말하라." 대뜸 손을 휘지으며 말한다. "햇빛을 가리지 말고 비켜주시오." 통 속에 사는 개의 형상*에서 비롯된 키니코스학파*의 대표적 철학자다.

이미 당시에도 문명의 발달에 숨 막혀 하며 원시적 생활을 추구하고자 했던 퀴닉 철학자들. 역시 그리스는 철학의 원조다. 나라 곳간이 거덜 나도 기간산업을 팔아도 별로 동요도 없다. 수천 년 역사에서 기구한 일을 하도 많이 겪어선지 외환 위기쯤이야 대수롭지 않은 게다.

- 개를 뜻하는 영어 단어 'canine'는 퀴닉(Cynics)의 어원에서 비롯된 것이다.
- 소크라테스의 제자 안티스테네스가 창설한 고대 그리스 철학의 학파. 퀴닉학파, 견유학파(犬儒學派), 시니시즘(Cynicism)이라고도 한다.

거리의 철학자.　　　　아기오스 교회 내부의 이콘.

형이상학의 나라 아테네를 떠나려 한다. 텔레비전에선 치프라스 전 총리가 상대 후보인 신민주주의당의 메이마라키스와 논전을 벌인다. 치프라스나 메이마라키스도 모두 지금 같은 경제 상황을 만든 책임에서 벗어날 수 없는 현실 정치인들이다. 채권국들의 가혹한 긴축만을 받아들일 수 없다는 논리는 별 차이가 없다. 약관의 치프라스나 경륜의 메이마라키스나 메르켈의 요구*는 받아들일 수 없다고. 당장의 표를 의식한 '포퓰리즘 연설'이 지루하게 반복된다.

장롱 속에 숨겨둔 돌 반지도, 금팔찌도 기꺼이 내놓은 1998년의 대한민국은 현실의 나라이고 그리스 국민들은 초현실적인 사람들인가. 믿는 구석이 있으면 레토릭만이 넘쳐난다. 절박함을 대하는 태도나 가치관은 우주보다 먼 것 같다. 역시 그리스는 철학적 담론이 무성한 형이상학의 나라다.

• 가장 큰 채권국인 독일은 처음엔 온건한 대응을 했지만, 그리스의 진실성을 의심하며 점차 강경한 긴축을 요구하는 쪽으로 선회하였다.

내려오는 길에 본 아기오스 교회.

Istanbul, Turkey

사백 년 오스만 제국의
영광과 그 뒤안길

신 시가지

골든혼

갈라타사라이
고등학교

튜넬

갈라타 타워

카라쾨이 역

아타튀르크 다리

갈라타 다리

에미뇌뉴
선착장

시르케시 역

이집션
바자르

예니자미

구시가지

퀵하기

톱카프 궁전

그랜드 바자르

유네스코
문화유산
지역

바자르

돈라아흐메드

아야소피아

블루모스크

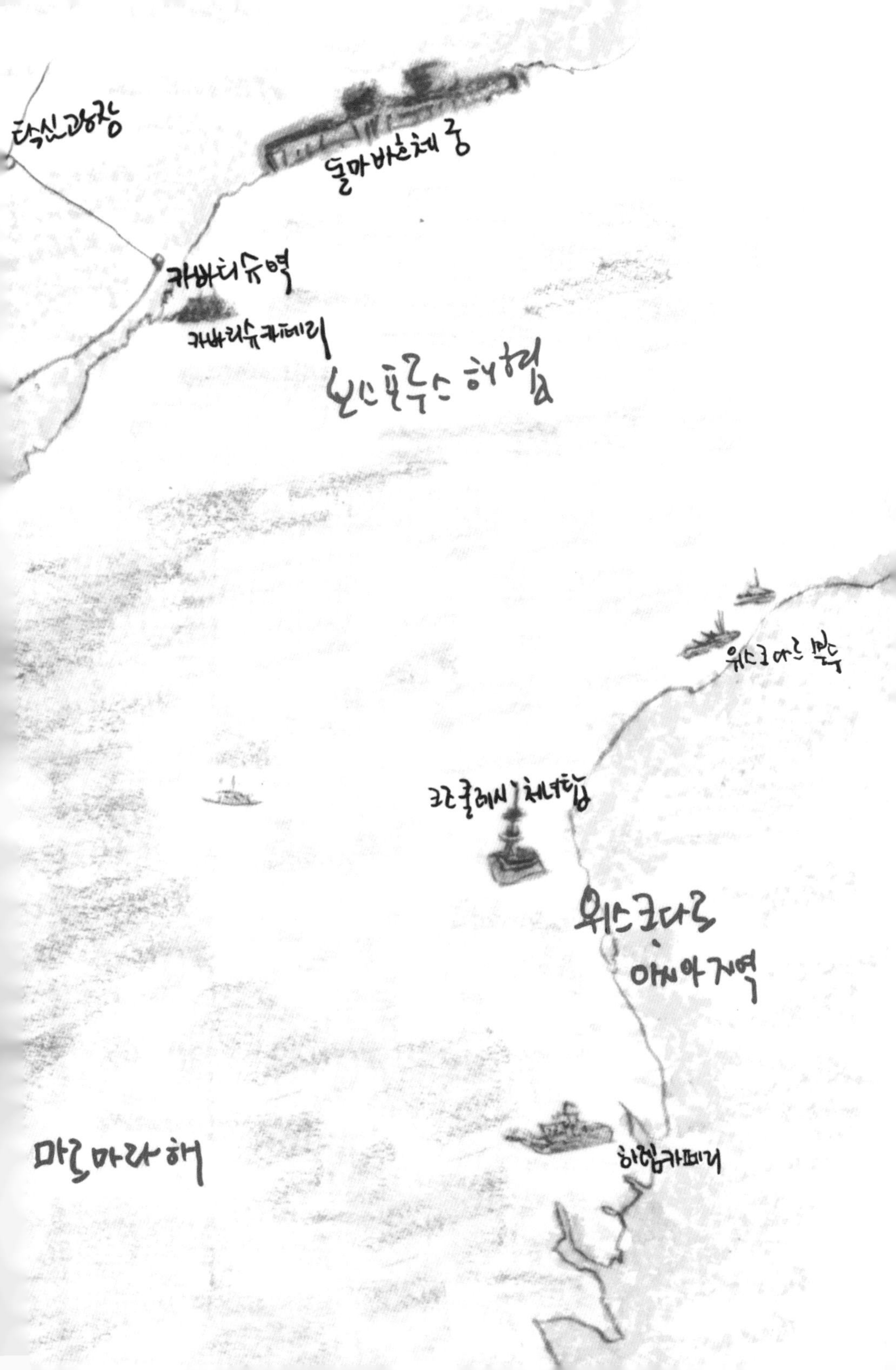

턱신광장

돌마바흐체 궁

카바터슈역

카바터슈페리

보스포루스 해협

위크아르 부두

칸쿨레시 체녀탑

위스쿠다르
아씨아지역

마르마라 해

하렘카페리

이스탄불 Istanbul

저 풍경의 아름다움은
지난 세기의 슬픔 속에 가물거린다

어릴 적부터 흔히 들어왔던 우스꽝스런 노래가 있었다. '위스키 달
라 소주 달라…….' 뜻도 뿌리도 모르고 그냥 흥얼거리던 리듬이었
다. 한국전쟁에 참전한 터키 병사들이 행군 중에 고향을 그리워하며
애잔하게 발맞췄던 그 노래가 슬픈 사연을 담은 우리의 아리랑 같은
곡이란 사실을 안 것은 한참 후였다.

Üsküdar'a gider iken aldı da bir yağmur.

'위스퀴다르 가는 길에 비가 내리네'로 시작되는, 떠나보내는 임에 대한 정한을 그린 이 노래는 슬픈 내용을 담고 있었다.

위스퀴다르(Üsküdar)는 이스탄불의 아시아 지구에 속한 곳으로 역사도 사연도 풍광도 슬프다. 이스탄불의 모든 영광과 번영은 보스포루스 해협 건너에서 화려하게 빛났다. 가난한 바닷가 마을 위스퀴다르는 동방 원정을 꿈꾸며 아나톨리아 고원과 바그다드로 향하는 출발점일 때 잠시 번쩍였을 뿐, 숱한 세월을 곤궁하고 애잔하게 산 땅이다.

지난 한 세기 그리고 또 반세기 이상 오스만튀르크의 위풍당당은 온데간데없이 사라졌다. 이스탄불은 보스포루스 해협 기슭과 골든 혼에 내려앉는 석양만큼이나 멜랑콜리하다. 거기에 혼돈과 무질서까지 더해지니 슬픔은 도시 구석에 덕지덕지 내려앉았다. 쿠르드 난민 물결이 오랜 시간 도시로 스며들어 내성도 엔간히 쌓이련만, 시리아 사태로 더욱 혼미하다.

이스탄불은 지금 카오스다. 이스탄불에서 태어나고 자란 작가 오르한 파묵(Orhan Pamuk, 1952~)은 이스탄불을 사랑한 나머지 시니컬한

갈라타 타워에서 본 골든 혼과 구시가지.

갈라타 타워에서
오스만 제국의 의상을 입고 기념사진 찍는 모습.

심정도 드러낸다. 지난 한 세기 도시 전체를 감도는 패배감과 상실감을 그의 수상집 『이스탄불』에서 흑백사진처럼 서글피 묘사한다.

한낮의 갈라타 타워에서 조망한 골든 혼은 눈부시다. 이 세상 어떤 도시가 이보다 더 장엄할 수 있을까? 갈라타 다리와 아타튀르크 현수교 주변을 넘나들며 일렁이는 잔물결은 찬란하다. 눈앞에 펼쳐진 콘스탄티노플의 스카이라인은 잠시 기독교 문명을 '포용한' 오스만의 '관용'을 함축한 듯 비범하게 푸르르다.

저 북쪽에서 내려오는 거대한 슬라브 물결에 숨통을 조였다 풀었다 한 보스포루스는 물길이 깊고 도도하다. 러시아는 오스만의 비위를 맞춰서라도 흑해에서 벗어나고 싶었다. 오스만은 흑해 주변의 시답잖은 문제에 대해서도 감 놔라 배 놔라 참견을 일삼는다. 러시아의 배알은 꼬여만 갔다. 따뜻한 지중해로 나가고 싶어도 오스만의 눈치를 보며 교언영색까지 했다. 제정 러시아의 황제 차르(Tsar)는 참다못해 심통을 부린다. 술탄은 더 차르의 부아를 돋운다. 잦은 충돌 끝에 드디어 크림 전쟁*이 일어났다. 차르가 결기를 부린 것이다.

서유럽 나라들이 중립을 지킬 것이라 믿었는데 이게 웬걸! 지중해 영향력에서 밀리고 싶지 않은 영국과 프랑스, 심지어 프로이센까지 오스만 편에 섰다. 기독교 문명이 마냥 이슬람 문명을 불구대천

230

* 남하 정책의 일환으로 흑해 진출을 꾀하는 러시아와 이를 견제하기 위해 터키, 영국, 프랑스 등의 연합군이 맞붙은 전쟁. 1853년에 발발한 전쟁은 1856년 러시아의 패배로 종식되었고, 그 결과 러시아의 영향력이 강하게 미치던 흑해가 중립화되었다.

의 원수로 삼았던 것만은 아니었다. 예나 지금이나 국제 정치는 종교를 넘어 적과의 동침도 마다 않는 법. 어제의 적이 오늘 손을 잡았다. 크림 반도의 세바스토폴(Sevastopol)까지 유린당할 만큼 러시아는 완벽히 깨진다. 혹여 러시아 장삿배가 보스포루스를 통과할라치면 배 밑바닥까지 수색당할 만큼 치욕을 겪는다.

이스탄불은 마냥 으쓱했다. 1453년 콘스탄티노플을 무너뜨린 영광은 400년 넘게 저 블루 모스크처럼 빛났다. 한때 아야소피아(Ayaso-fya)˙의 관대함은 기독교 세력이 외려 오스만에 대한 외경심을 불러올 만큼 위대했다. 오스만의 권능과 포용성은 영원할 것 같았다.

19세기 말 서구의 제국주의는 오스만을 이류 국가로 밀어낸다. 이스탄불의 지성들은 우울해한다. 터키 작가 아흐메트 라심은 "저 풍경의 아름다움은 지난 백 년간의 슬픔 속에 존재한다"고 자조한다. 문학적으로 슬픔이 절절히 배어난 도시의 패러독스다.

언뜻 국외자 입장에서 보면 이스탄불은 오만하게 신비하고 숨 막히게 환상적이다. 동양과 서양이 섞이고, 지중해와 흑해가 나뉘고, 기독교 문명과 이슬람 문명이 접합하는 오리엔탈리즘적 이스탄불은 피상적으로 로맨틱한 매력 덩어리다.

231

• 터키 이스탄불에 있는 비잔틴 양식의 성당으로 바티칸의 성베드로 대성당이 지어지기 전까지 세계 최대 규모를 자랑하는 성당이었다. 처음에는 성당으로 지어졌으나 터키 지배하에서는 이슬람교 사원으로 사용되었다. 현재는 박물관으로 쓰인다.

1853~56 크림전쟁시 오스만 영토
오스만 영토와 러시아 남진

오스트리아

· 자그레브

· 베오그라드

19세기 중반은 까지도
오스만 달마티아 해안 장악 못함

· 모스타르   부쿠레시티
사라예보   콘스탄차
                   오스만 투르크
두브로브니크   코보   바르나
                        소피아
이탈리아   이스탄불
왕국   보스포루스해협
                                    마르마라해
· 티라나   부
                            다르다넬스해협

                        레스보스
                  그리스

영국, 프랑스, 프로이센
오스만 편에 서서 연합공격
                                        로도스

지중해   크레타

1856. 오스만과 연합하여 세바스토폴 항 점령.
러시아 크림전쟁후 더 꽁꽁, 흑해에 갇히는꼴!

러 시 아

오데사

아조프해

크림반도

세바스토폴

흑 해

소치

갈다크

트라반존

이스탄불
위스퀴다르 지역의   오스만투르크
군병원에서 「나이팅게일」활약.

사이프러스

오스만튀르크의 영광은 1481년에 설립된 갈라타 궁전 제국 학교 (Galata Sarayı Enderûn-u Hümâyûn)로 이어진다. 현 터키 최고의 명문 갈라타사라이 고등학교(Galatasaray Lisesi)의 뿌리다. 지난 두 세기 이상 갈라타사라이에는 이스탄불은 물론 발칸 및 아랍의 번쩍이는 두뇌들이 모여들었다.

1990년 이탈리아 월드컵에서 조국 루마니아에 8강의 영예를 안겨준 게오르게 하지(Gheorghe Hagi)를 아는가. 가난한 조국을 떠나 그는 이스탄불 명문 축구팀 갈라타사라이에서 오랫동안 뛰었다. 2002년 한일 월드컵에서 킥오프 11초 만에 골을 넣어 터키를 3위에 올린 하칸 쉬퀴르(Hakan Sukur)도 갈라타사라이 소속이다. 갈라타사라이는 오스만튀르크의 옛 영광을 꿈꾸는 터키의 상징어다.

탁심(Taksim) 광장에서 뻗어 내려온 이스티클랄 거리는 젊음의 용광로다. 거리의 상징인 전차 튀넬(Tünel)만큼 활력이 넘치는 이 거리엔 검은 천으로 얼굴을 감싼 히잡 여인도 눈에 띈다. 여기서는 서구

터키 최고의 명문 갈라타사라이 고등학교 정문.

를 향하는 모던한 터키만이 보일 뿐이다. 세속화된 이슬람 주의가 넘친다.

갈라타 다리의 마력에 이끌려 빠른 지름길을 택한다. 잡담을 나누던 구두닦이 중 한 명이 우리를 지나쳐 언덕을 급히 오르더니 내 앞에서 슬쩍 구둣솔을 떨어뜨린다. 낌새도 모른 채 얼른 집어 돌려준다. 그랬더니 고개를 주억이며 그냥 구두를 닦아주겠다고 따라온다. 낚시질에 걸렸음을 직감한 난 아내에게 빨리 내려가자고 채근한다. 애원하는 표정에 마음이 걸렸는지 아내는 머뭇거린다. 내 낡은 캐주얼화는 이미 삐끼의 구두 통에 얹히고 있었다. "무광 구두니 먼지만 털라"고 웃으며 말한다. 사돈 벌초하듯 솔질을 한다. 채 30초도 안 됐는데 빠른 영어로 자기소개를 중얼댄다. 앙카라에서 왔고 한때는 트럭 운전을 했던 두 아이의 아빠라고. 아내의 흰 샌들도 벗기려 한다. 이젠 그만하라고 쌍심지를 돋웠다. 표변하며 20티엘을 달란다. 아내가 황급히 셈을 마친다. 후미진 언덕 골목길에 인적조차 없으니 나도 슬그머니 겁이 났다. 빠른 걸음으로 내려간다. 언덕길에서 새끼친 좁은 골목이 대낮인데 더 어둡게 보인다.

갈라타 타워에서 낚시하는 아빠와 아들.
처음에는 찌푸렸으나 금세 미소를 지었다.

골든 혼 끄트머리 카라쾨이(Karaköy) 역 지하도 입구에서 난민 모녀가 손을 내민다. 온몸에 내려앉은 처절한 가난. 꽤나 오랜 세월 버텨온 폐허의 형상이다. 몇 년 전 터키로 숨어든 쿠르드 난민이다. 최근 국경을 넘어온 시리아 난민들은 은밀한 곳에 흩어져 있다. 신천지로 안내해줄 브로커와의 접선을 기다리고 있다.

갈라타 다리 난간에는 오늘도 낚시꾼이 많이도 모여들었다. 오가는 사람보다 낚시꾼이 더 많다. 아이도 아빠 따라 낚시 삼매경이다. 주말을 맞아 심심풀이로 나온 사람들 같다. 보스포루스와 골든 혼이 만나는 물목으로 고기가 많이 잡힌단다. 낚시꾼과 난민이 일상인 양 섞여 있다. 2015년 초가을 이스탄불에는 팽팽한 긴장이 흐르고 있었다.

에미뇌뉘(Eminönü) 선착장에 뉘엿뉘엿 해가 기운다. 번듯하고 큼지막한 보스포루스 크루즈가 저녁놀 같은 뱃고동을 길게 울리고 있다. 예정된 크루즈는 이미 매표가 끝났다고 창구 여직원이 단호하게 말한다. 해질녘에 보스포루스를 항해하고 싶었는데……. 낙심하고 발길을 돌리는데 허름한 배 한 척에 사람들이 오른다. 멋지게 빼입은 단체 관광객 대신 터키 현지 사람들이 빼곡히 승선해 있었다. 주

신시가지를 찍다 렌즈에 잡힌 히잡의 여성.

말을 맞아 멀리 아나톨리아 고원에서 온 사람들이다. 여기서도 까만 히잡의 엄숙한 이슬람 여성들이 꽤나 보인다.

얼기설기 쇠막대에 차양 막을 덧댄 허술한 지붕이 정겹다. 그래도 안전장치는 다 갖추었다. 차양 막 아래 구명조끼, 빨간 소화전 들이 빈틈없이 결박돼 있다. 주말을 즐기는 소박하고 정겨운 사람들과 어깨도 붙이고 얘기도 나누니 금상첨화다. 번외로 태워선지 뱃삯 에누리도 있었다. 속도가 느릿한 판옥선 형상이니 균형감은 그만이었다. 비로소 터키 사람들의 민낯을 본다. 하나같이 웃고 수다 떨며 사진을 찍어댔다. 나도 두세 번은 찍어줬고 서너 번은 피사체가 되어줬던 기억이다. 눈웃음과 손사래면 모든 게 통했다.

보스포루스는 이들의 활력소이고 해방구이며 기쁨의 원천이었다. 트라브존에서 엄마, 아빠와 함께 왔다는 예닐곱 살 계집애가 한국산 스마트폰으로 빌딩 같은 크루즈 에퀴노(Equinos)를 담고 으쓱한다. 머리 허연 동양 아저씨의 부산함이 신기하다는 듯 마냥 눌러댄다. 한국산 스마트폰 천지다.

패배감과 그에 따른 좌절, 음울한 빈곤으로 신음하고 있는 게 이

보스포루스 대교의 석양을 맞으며
우정의 찰칵.

스탄불이지만 오르한 파묵도 보스포루스에 대해서만은 이렇게 긍정을 담는다. 유일하게 보스포루스에 나오면 잠시나마 행복감에 젖는다고, 삶에 대한 애착을 자극하고 가끔은 흥분까지 자아내는 곳이라고. 암스테르담이나 베네치아의 수로, 파리나 로마를 둘로 나누는 강과는 비교할 수도 없다고 자랑한다. 시시각각 변하는 실루엣은 이 도시의 환상을 볼 수 있는 즐거움을 선사하고 삶이 최악으로 치달을 때도 여전히 보스포루스로 산책 나갈 수 있어 다행이라고까지 표현한다. 그렇다. 보스포루스는 이스탄불의 청량음료 같은 존재다.

나는 보스포루스 해협의 낭만적 풍광에서 빠져나올 수 없을 만큼 상기돼 있다. 고개를 돌릴 때마다 변신하는 해변 풍경을 놓치고 싶지 않아 잠방거리며 움직인다. 지난 한 세기 이곳을 찾은 서방의 여행객, 작가 들도 이 도시의 모든 것에 매료돼 흔적을 남기고 그 기억을 문학으로 표현했다. 프랑스 해군이자 작가인 피에르 로티는 이 해협을 잊지 못해 찾고 또 찾아 이스탄불에서 가장 멋진 찻집 '피에르 로티'를 남겼다.

선상의 레스토랑에도 선착장에도 기념품 가게에도 붉은 터키 깃

보르포루스 제2대교.

발이 나부낀다. 어제 저녁 찾은 이집션 바자르(Egyptian Bazaar)˙는 온통 초승달 옆에 걸린 별 천지다. 저잣거리에 자기 나라 국기를 이렇게 거는 나라가 이 세상에 또 있을까. 술탄 메흐메트 2세가 콘스탄티노플을 함락시키던 날 밤하늘에 떠 있던 초승달을 영원히 잊지 않겠다는 민족주의가 깔려 있다. 별도 이슬람을 상징한다니 빨간 달과 별은 열정적 민족주의의 쌍끌이다. 만국기로 흥청대는 시장통과 축제판은 그렇다 쳐도 천장마다 걸려 관광객에 무작정 얹히는, 난분분한 이슬람 세례는 아무래도 쓴웃음이 절로 난다.

이집션 바자르는 온통 향신료로 덮여 있다. 원색의 향신료는 그 향과 색깔만으로도 여행객의 혼을 뺀다. 제국의 위용은 빛바랜 흑백 사진처럼 가물가물하다. 터키의 국부로 불리는 케말 파샤의 용단에도 지난 백여 년간 서서히 스며든 패배감의 그늘은 짙고 깊다. 이미 사라진 한때의 찬란했던 문명을 반추하는 힘은 희미하다. 그 안타까움이 허장성세로, 때론 요란한 원색으로 나타나는 걸까? 찬란했던 과거를 곱씹는 작위적 몸짓이 애처롭다.

• 이집트에서 온 향신료를 파는 시장이었던 이집션 바자르는 지금은 이스탄불의 서민적인 시장으로 주로 식료품을 팔고 있다.

이집션 바자르.

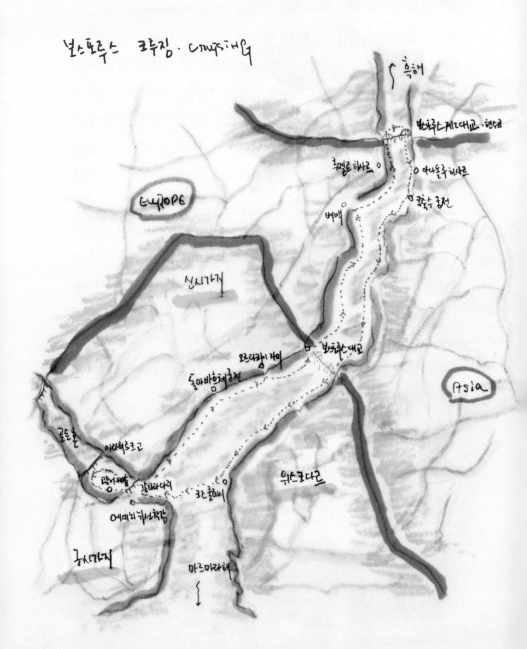

보스포루스 해협의 유럽 쪽에 위치한 성채 루멜리 히사리(Rumeli Hisarı)가 오롯이 나타난다. 그를 배경으로 보스포루스 제2대교가 해협을 가로지른다. 콘스탄티노플을 함락시키려고 술탄 메흐메트 2세가 축조했다는 빼어난 군사 건축물이다. 건너편 아시아 쪽에 있는 요새이자 터키에 남아 있는 가장 오래된 건축물인 아나돌루 히사리(Anadolu Hisarı)와는 최단 거리다. 비잔틴의 함대를 협공하기에 최적의 조건이다. 루멜리 히사리의 존재만으로도 비잔틴의 콘스탄티노플은 겁에 질려 전의를 상실했다. 지진으로 파괴되어 초라한 모습이었는데, 1953년 세상에서 가장 멋진 군사 요새로 탈바꿈되었다.

한반도에 총성이 멈춘 해였다. 한국전쟁에 참전한 오스만튀르크의 후예들을 위해서인가? 대의명분은 가끔 우연과 만난다. 1452년까지 아시아에 머물던 오스만 제국이 서쪽으로 힘겹게 넘어온 것을 기념하듯 보스포루스 제2대교가 유려하게 걸쳐져 있다. 제2대교를 반환점으로, 지나쳐 온 대교 쪽으로 다시 항해한다.

때마침 물드는 석양 속으로 보스포루스 대교가 벌겋게 물든다. 위스퀴다르의 살라자크(Salacak) 선착장과 처녀의 탑 키즈 쿨레시(Kız Kulesi)가 저녁놀에 창백하게 비친다. 16세 공주의 슬픈 사연이 깃든 옛 비잔틴의 감시초소는 유령처럼 하얗다. 아시아 지역은 모든 게 서글픈가……. 노래 '위스퀴다라'의 한 맺힌 리듬이 입가에서 맴돈다.

신시가지 너머 신기루처럼 솟고 있는 거대한 빌딩 숲을 사진으로 잡는데 검은 히잡의 무슬림이 렌즈 안에 들어온다. IS(Islamic State) 때문인지 검정은 근본주의로 비친다. 근본은 곧잘 극단으로 치닫는다.

엄격한 무슬림의 눈에 비친 세속의 이스탄불은 어떻게 비칠까. 카라
쾨이 선착장도 갈라타 타워도 서서히 밤으로 빠져들고 있다.

　　그제 들른 구시가지 술탄 아흐메드 지역은 전체가 유네스코 세계
문화유산이다. 테오도시우스 성벽 안의 톱카프 궁전과 블루 모스크,
그리고 아야소피아가 위대했던 오스만 제국을 보여준다. 로마 시대
를 이은 비잔틴, 오스만 시대가 한 구역 안에서 연대기별로 명멸했
다. 때론 배척했지만 포용한 흔적이 이슬람 모자이크처럼 빛났다.
　　감히 '황제의 땅' 한가운데에서 잠도 자고 식사도 했다. 호텔 이
름도 엄숙하다. '호텔 술탄 야스막(Sultan Yasmak)'이다. 그러니 새벽에
도 산책할 수 있었고 밤이 으슥하도록 배회도 했다. 물론 후미진 골
목은 애써 피했다. 술탄의 영묘가 있고 지하 궁전 예레바탄 사라이
(Yerebatan Sarayı)가 있는 이 영험한 지역을 비무슬림이 활개 치고 다닌
것이다. 오스만튀르크의 '심야 유령'들이 끊임없이 말을 걸어온다.

아야소피아.

수많은 외침에도 끄떡 않던 철옹성 테오도시우스 성벽도 한 병사의 깜박 실수로 뚫린 쪽문 때문에 손쉽게 떨어졌다. 역사의 거대한 전환점은 사소한 틈입에서 비롯된다. 유네스코의 지속적인 지원에도 테오도시우스 성벽은 허술하다. 터키 정부의 의지가 부족한 탓인지 듬성듬성 허술히 방치돼 있다. 천 년 비잔틴의 수호신을 오스만의 후예들이 뭘 그리 예쁘다고 잘 보존할까…….

　　시르케지 역으로 들어가는 열차가 보인다. 애거사 크리스티의『오리엔트 특급 살인』의 무대가 됐던 오리엔트 특급 열차의 종착역이다. 거리는 으스스하다. 이 식당 저 극장에서 나온 호객꾼이 소매를 잡는다. 겨우 벗어나면 이번엔 걸인이 모퉁이에 누워 있다.

　　유럽풍에 오리엔탈리즘이 가미되었으니 동서양 분위기가 신비스럽다. 이젠 대합실이 연회장으로 쓰이는지 플라스틱 의자가 가장자리에 일렬종대다. 드라마 세트장 같은 생경한 풍경이다. 천장에 매달린 샹들리에가 과거 영광을 애써 말한다. 유럽행의 시작과 끝이었던 시르케지 역은 지금 항공편에 밀려 국내선만으로 명맥을 유지하는 한미한 역이 됐다.

회칠을 벗기니 기독교 문명이 드러났다.　　　　　　　　시르케지 역 대합실 샹들리에.

아시아의 시작과 끝을 의미하는 하이다르파샤(Haydarpaşa) 역이 네오고딕* 양식으로 내륙으로 뻗어나간다. 아름다운 스테인드글라스 건축물로 거듭 태어나 몰락한 시르케지 역과 대조를 이룬다. 수도 앙카라를 지향하는 아시아적 정체성은 역동적이고 명쾌하다. 유럽의 변두리로 전락한 시르케지와 확연히 다른 운명이다.

에미뇌뉘 선착장으로 크루즈가 들어온다. 뤼스템 파샤 자미(Rüstem Paşa Camii), 쉴레이마니예 자미(Süleymaniye Camii)의 야경이 주변을 압도한다. 16세기에 활약한, 오스만의 천재 건축가 시난(Mimar Sinan)의 작품이다. 시난 건축물은 보스니아의 모스타르(Mostar)에서도 빛났다. 오스만 제국 최전성기를 이루었던 쉴레이만 1세의 위용은 시난의 건축으로 이스탄불 곳곳에서 더욱 빛난다. 그러니 시난도 죽어서 황제 무덤 옆에 묻힌다. 멋진 건축물로 후대에 길이 남게 해준 노고

* 중세 고딕 양식을 새로이 해석한 건축 동향으로 19세기 유럽 각지에서 나타났다.

어둠으로 빠져드는 골든 혼.

에 대한 황제의 영원한 보답이자 우정이다.

배에서 내리자 사위를 제압하는 또 하나의 풍경이 기다린다. 고등어 케밥, 발릭 에크멕(Balık Ekmek)이다. 주렴을 내건 배가 골든 혼에 떠 있다. 곡마단의 야외 식당 같다. 어디론가 떠나야 하는 사람, 방금 배에서 내린 여행객들에게 참새 방앗간이다. 혼란스런 와중에도 질서 정연하게 줄을 선다. 다들 다리 쪽 계단에 쭈그리고 앉는다. 케밥을 구워내는 솜씨가 번개처럼 현란하다. 지붕도 처마도 황제 가마처럼 화려하다. 음식이 입에 맞지 않아 메슥메슥한 사람이라면 걱정 안 해도 된다. 후식으로 달콤한 도넛이 바로 옆 포장마차에서 기다리고 있다. 낮에도 고등어 케밥 굽는 냄새가 매캐하다. 그러나 다리 밑 휘영청 야밤에 포근한 눈인사를 건네며 잽싸게 먹고는 표표히 사라지는 맛에 비견할 수 있을까. 갈라타 다리 밑의 낭만스런 저녁 식사는 짙은 어둠 속에서 더욱 제맛이 난다.

쿠르드 난민 사태에 이은 아프가니스탄, 시리아 내전으로 인한 일차적 피해는 온통 터키 몫이다. 이슬람 지역을 벗어나, 그리스로 향

갈라타 다리 밑,
야밤의 고등어 케밥.

하는 피난 행렬의 단초가 된 이스탄불이다. 후미진 공원이나 변두리에선 통통배로 그리스 레스보스 섬으로의 탈출을 주선하는 브로커와 난민들로 혼란스럽다. 나는 히포드롬 공원에서 무엇에 쫓기며 누군가를 기다리는 무슬림들을 몇 차례 목격했다. 불안의 그늘이 드리워진 눈매가 애처롭다.

밤 10시 공항으로 떠나기 전까지 두어 시간 여유가 있다. 어제 보스포루스 크루징 때 눈여겨보았던 돌마바흐체 자미(Dolmabahçe Camii) 해변 카페에서 쉬고 싶었다. 카바티쉬(Kabataş) 역에서 내린다. 돌마바흐체 자미까지 10여 분 걷는데 긴장이 풀리는지 다리가 후들거린다. 카페는 이미 빈자리가 없다. 평화스런 분위기다.

카바티쉬 선착장으로 들고 나는 유람선이 부산하다. 초저녁 허공에 반달이 호젓하게 걸리니 마음이 가라앉는다. 해협 건너 위스퀴다르 불빛이 길게 누워 반짝이며 졸고 있다. 조금 전 왁자했던 모습들과 사뭇 다르다. 전혀 딴 얼굴의 이스탄불이다. 긴장이 풀리니 연신하품도 나온다. 티라미수 한 조각과 에스프레소로 졸음을 쫓는다.

돌마바흐체의 해변 카페.

그랜드 바자르 초입의 케밥집,
리몬 야외 카페.

이스탄불은 마약이다. 이스탄불은 용광로다. 이스탄불은 카오스다. 1500만 명이 부대끼며 사는 활화산 같은 도시에 끊임없이 밀려드는 난민과 관광객이 뒤섞여 있다. 어디로 끌려갈지 모르는 불안감너머 처음 본 풍경에 벅차오르는 흥분도 느낀다. 이스탄불은 모든걸 품어줄 것 같은 너그러움도 가졌으나 모호한 정체성 때문에 오늘도 혼돈이다.

이스탄불 공항에서부터 이미 엄청난 스펙트럼과 혼돈을 예고한다. 동남아 무슬림들이 서방으로 돈 벌러 갈 때 거치는 곳도 이스탄불이요, 캅카스(Kavkaz) 산맥 너머, 아나톨리아 고원 너머, 중앙아시아회교도들이 메카 순례를 떠날 때 기착하는 곳도 이스탄불이다. 알바니아 티라나로 떠나는 발칸 무슬림들이 탑승을 위해 줄을 서는 곳도이스탄불이다.

세상의 모든 인종을 한곳에서 동시에 보고 싶다면 이스탄불 공항으로 가라. 거기에서 가난하지만 따뜻한 코소보 할머니들의 정겨운미소를 볼 수도 있고 매부리코 모습을 한, 몬테네그로 키다리 아저씨의 허허로운 웃음도 만날 수 있다.

Avignon, France

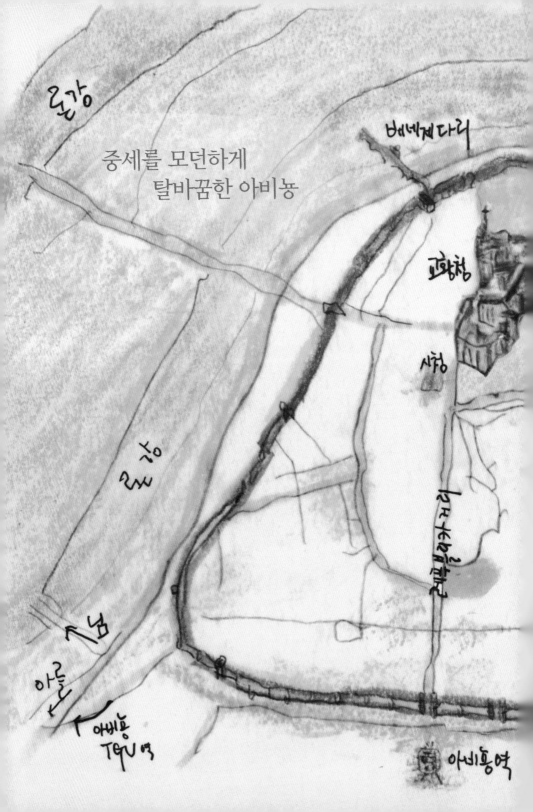

론강

중세를 모던하게
탈바꿈한 아비뇽

베네제다리

교황청

시청

론강

잔다르크박물관

남

아를

아비뇽
TGV역

아비뇽역

아비뇽 Avignon

안개에 젖은 교황청,
루미나리에로 변신하다

새벽 6시, 아비뇽 성곽 안으로 들어간다. 습기를 머금은 밤의 파수꾼 가로등이 게으르게 졸고 있다. 이슬이 내려앉는 것을 저어해서인지 카페의 파라솔이 가지런히 펴진 채 꼬박 밤을 샜다. 편의점에서 신문을 집어 든 사람, 바게트를 사려는 성곽 안 주민 들이 여명을 헤친다. 아비뇽의 일요일 새벽이 열리고 있다.

들뜬 여행 일정도 이젠 마무리를 할 때다. 나만의 시간을 갖고 싶었다. 여행자에게 문득 찾아오는 '내면의 고독과 성찰의 시간'이다. 적막하고 고요한, 세상과 격리된 '신성한 장소(sanctuary)'를 걷고 싶었다. 인적이 끊긴 새벽녘의 교황청은 그런 면에서 더할 나위 없었다.

14세기 초, 약 70년간 로마를 떠난 신권이 세속적인 왕권 휘하에 머물렀다는 아비뇽 유수(Avignonese Captivity)*의 현장을 찾아간다. 어제 오후 일 쉬르 라 소르그에서 아비뇽으로 돌아올 때 에둘러 들른 카르팡트라(Carpentras)에서 맛본 중세의 가톨릭 분위기는 아비뇽의 서막에 불과했다. 카르팡트라에서 우리 일행은 진짜 떠돌이 벼룩시장을 둘러봤다. 아비뇽보다 오래된 중세 도시 카르팡트라는 '아비뇽 유수' 직전에 교황이 잠시 머물렀던 도시다. 벼룩시장에 나온 물건도 촛대와 성배 등 제기가 많이 나올 만큼 종교적 분위기가 그득하다.

경중경중 스친 여정이 주마등처럼 떠오른다. 코트다쥐르와 프로방스 탐방을 마치고 내일이면 서울로 돌아간다. 낯선 곳에서의 열정

• 교황청을 남프랑스의 아비뇽으로 옮겨 프랑스 왕의 지배 아래 두었던 1309년부터 1377년까지를 말한다.

빛 축제로 새롭게 거듭난 교황청.

이 현실 세계로 넘어가기 직전, 누구에게나 내키지 않는 '마음의 티눈'이 찾아온다. 현실에 대한 걱정과 부담에서 비롯된 것일까. 나는 더 의식적으로 탈속적인 경험을 하고 싶었다.

교황청이 가까워지면서 농습한 공기가 얼굴에 감긴다. 희부연 안개가 박석 보도를 비스듬히 헤치고 나오는 조명으로 신비감을 더한다. 까마득한 허공에 뜬 초승달로 교황청은 더 중세로 넘어갔다. 거대한 성채가 엄중한 표정으로 초현실의 세계로 이끈다. 외벽에 간신히 매달린 장명등長明燈이 촉촉이 물기를 머금은 안채에 살포시 얹힌다. 윤곽은 더 선명히 드러난다. 피사체에 흠뻑 물세례를 줘 해상도를 높이는 것과 같은 현상이 담벼락을 타고 있다.

나는 지금 아득한 중세로 시간 여행을 하고 있다. 700여 년 전의 교황청을 어찌 민낯으로 만날 수 있을까. 시시각각 현실의 교황청이 새벽을 기다린다. 돌담 길을 헤집고 들려오는 여명의 그레고리안 찬트*가 희미하다. 안개 속에 검은 복장의 중세 사제가 비치는 듯하다.

• 유럽에서 수 세기 동안 교회 음악으로 사용되었던 가톨릭 성가. 단순한 멜로디가 특징이다.

254

프티 팔레.

환영幻影이다. 잠시 후 현실의 청소부가 어둠을 헤치고 다가온다.

안개는 이도 저도 아닌 모호한 국면을 연출한다. 탈속이 지나치면 두려움마저 느낀다. '나 홀로 걸어가는 안개만이 자욱한 거리.' 대중가요로 애써 분위기를 바꾸려 한다. 이쯤 되면 대중가요도 성과 속을 간단없이 교차한다. 초현실은 보통 사람에게도 찾아오나 보다. 안개에 휩싸인 교황청이 새벽 산책의 훌륭한 동무가 된다. 공간은 사람을 압도하지만 때론 마음의 동반자가 된다.

안개는 아름다움도 선사한다. 현실과 피안의 감성 세계도 거침없이 넘나든다. 안개가 빚는 리듬은 환상적이다. 안개는 이상과 현실, 세속과 초월, 아름다운 것과 추한 것을 자유자재로 들고 나는 함축적인 미학과 두 얼굴을 지녔다. 민낯의 삼라만상이 적나라하게 드러날 때보단 에로틱한 안개로 희석될 때 더욱 고혹적인 아름다움을 드리운다.

아비뇽 교황청은 론(Rhône) 강이 휘감으며 자주 안개에 뒤덮인다. 내가 살고 있는 파주출판도시도 한강 하구와 갈대 샛강으로 봄, 가을 새벽이면 곧잘 안개에 포박된다. 세상은 일시 정지되지만 안개는

습지를 감싼 실루엣을 헤치고 비상하는 두루미와 고라니도 볼 수 있을 만큼 멋진 풍경을 연출한다.

1975년쯤 무진기행

70년대 나의 대학 시절은 지리멸렬했다. 시작도 끝도 불분명한 채 매듭이 풀어지기 일쑤였다. 유신 반대 시위로 거리에는 걸핏하면 휴업 안내판이 붙었다. 불확실이 관행처럼 이어지면서 무기력은 습관처럼 그냥 흘러갔다.

스러져가는 희망과 희미한 꿈속에서도 가끔씩, 본능적으로 자기를 추스르는 힘이 찾아온다. 초점 잃은 일탈과 방임에도 실낱같은 새순이 돋는다. 그때 도서관은 나만의 다락방 같은 배타적 공간이었다. 내가 다니던 대학의 도서관은 개가식이었다. 눈길 가는 데로 발길 닿는 데로 책의 바다를 허우적거릴 수 있었다. 당시로선 행운이었다. 문학, 인문, 예술 등 수십만 권의 책이 체계적인 분류법으로 원시림처럼 비치되어 있었다.

새벽안개를 뚫고 나타난 청소차.

그곳에서 난 김승옥의 『무진기행』을 처음으로 만났다. 작가의 고향은 남도 끝 순천이었다. 지금이야 세계적 생태 습지로 수많은 탐방객이 찾는 순천만이지만 당시엔 습지라는 개념조차 낯선, 궁벽한 갯벌이었다. 그야말로 내버려진 쓸모없는 땅, 사람이 접근할 수 없는 바닷가였다.

안개는 희끄무레한 공간을 연출한다. 찌든 심성에 숙주처럼 파고드는 데는 안개가 제격이다. 현실에서 상처 받은 영혼을 위무해준다. 『무진기행』에선 주인공에게 새로운 여인도 나타난다. 서울 일상을 벗어난 꿈결 같은 연정도 가졌지만 결국은 비루한 현실로 돌아오는 잠정적인 귀향 얘기다.

나는 엄혹한 유신의 공간에서 결국엔 열패감에 빠지는 격정과 허무의 서울보다는 변함없이 순수한 고향이 그리웠다. 어릴 적 살던 대전 보문산이나 고향 옥천의 뒷산을 서성이는 날이 많아졌다.
　겨우 학교는 열렸지만 연이은 종강, 그리고 방학, 개강, 휴강 모든

파주출판도시 아시아센터 앞 응칠교의 새벽 봄 안개.
갈대 습지 사이를 유유히 미끄러지는 백로, 왜가리 들이 물 위로
떠오르는 물고기를 잡으려 신나게 자맥질하는 풍경이 연출된다.

게 모호하고 퇴행적이었다. 『무진기행』은 허기지고 곪아 터진 내 마음에 불온하게 파고들었다.

비워야 충만해진다는 이유로 떠난 것이 여행이런만 현실은 어김없이 찾아온다. 내일이면 서울로 돌아간다. 거기엔 해답조차 불투명한 일들이 쌓여 있다. 내키지 않는 사람과의 만남과 설득. 잠시 가슴속 깊이 가라앉아 있던 앙금이 슬금슬금 올라온다.

안개가 성당 종탑으로부터 스멀스멀 내려온다. 안개 속에 살아남은 윤곽은 더욱 선명히 드러나는 법. '살아남은 것은 슬픔'이 아니라 엄중한 현실이었다. 성채는 하늘 높이 치솟아 초승달에 닿아 있다. 교황청은 교황의 주거, 집무 공간이니 궁이었을 터인데 내 눈엔 성곽으로 보인다. 견고한 요새다. 신변에 위협을 느꼈을 것이고 성물, 제기 등이 온통 금은보화였을 테니, 저 높이 성채를 쌓을 수밖에!

교황 클레멘스 5세부터 68년간 가톨릭을 호령했기에 위엄과 체통을 지켜야 했지만 호시탐탐 신권을 되찾으려 했던 로마 입장에서는

교황청 루미나리에. 세계적 축제로 자리 잡아 아비뇽을 더욱 밝힌다.

1309 - 1377

Sortie - Exit

유폐된 신권이었을 것이다. 프랑스 입장에서는 자랑스러운 왕권의 전성기라 '아비뇽 유수'가 아니라 '아비뇽 벨 에포크'로 해석할 수도 있겠다. 로마 교황청과 교권 분리로 끊임없이 대립했던 시기에 당당히 프랑스 권역에 존재했으니 말이다.

저 외벽에 때려지는 루미나리에(luminarie)*가 새로운 명물로 자리매김됐단다. 지난 천 년간의 영광과 권위가 자랑스럽게 광장의 여행객에게 펼쳐지는 빛의 축제. 역사는 창의적인 후손에 의해 사실을 훨씬 뛰어넘는 위대한 이미지로 재창조된다. 역사에 단지 돌고 도는 쳇바퀴만 있는 건 아니다. 거듭 새롭게 태어난다.

프티 팔레(Petit Palais) 박물관에 걸린 현수막이 도드라진다. 한때 병영으로 추락하기도 한 교황청에 창조적인 예술혼이 살아 숨 쉬는 것이다. 생 베네제 다리, 시청, 교황청을 가리키는 이정표가 명징한 조형미를 보여준다. 시청 쪽으로 다시 발길을 돌린다. 낮에 무심코 지

• 조명 예술의 일종으로 조명을 활용해 건물을 꾸미거나 조형물을 만든다. 아비뇽에서는 빛(lumière)과 르네상스(renaissance)의 합성어인 'Les Luminessences'라는 이름으로 루미나리에 쇼가 열린다.

났던 포석에 세월이 켜켜이 쌓여 있다. 여명이 척후대*처럼 몸을 낮춰 이곳저곳에 출몰한다. 허연 입김도 인다. 안개는 마치 이승에 한이 있어서 매일 밤 찾아오는 "여귀가 뿜어내는 입김"과 같다고 김승옥은 『무진기행』에서 그렸다.

호텔 드 빌(Hotel de Ville). 자칫 호텔로 착각할 듯하다. 시청 건물이다. 회전목마가 돌고, 종일 관광객으로 북적대는 성안 한복판에 떡 버티며 이 도시의 주인공임을 과시한다. 낮이건 밤이건 여행객을 맞는다. 살아 있는 정책이다. 관광은 매일 생물처럼 퍼덕인다.

아비뇽은 프로방스를 찾는 사람들을 빨아들이는 블랙홀이 됐다. 두 개의 세계적인 축제, '아비뇽 연극제'와 '교황청 루미나리에'가 이런 기반에서 번뜩인다. 아비뇽 연극제는 이젠 스코틀랜드 에든버러 축제와 쌍벽을 이루는 '여름 축제의 지존'이 되었다.

지난 세기 중반까지 프랑스적 전통을 고집했던 아비뇽도 이젠 자기 것에 집착하지 않는다. 완고한 교황청 건물만 그대로 둔 채 모든

----

* 적의 태세나 지형 따위를 정찰하고 탐색하려고 조직하던 소규모 부대를 말한다.

성당 종탑 아래 고풍스런 야외 카페.

면에서 세계를 품었다.

그날 저녁, 아이리쉬 펍은 새벽까지 불야성이다. 성곽보다 더 뿌리 깊은 천년 포플러 나무 아래 야외 레스토랑에도 온 세계의 메뉴가 펼쳐져 있다. 우리 일행도 키가 종탑만 한 나무 아래에서 베트남 음식을 시켰다. 우리는 독일서부터 자전거를 타고 내려온 지인의 아들과 현지에서 공부하는 조카와 함께 마지막 밤을 즐겼다. 새벽의 가벼운 마음의 앙금도 사라졌다.

아비뇽 성모 성당의 첨탑이 아름답게 빛난다. 아비뇽의 랜드마크다. 아비뇽 밤을 설레게 만드는 성스러운 상징물이다. 아비뇽의 밤은 세속적일 만큼 들떠 있다. 그러나 그 세속은 격이 다르다. 성곽 길, 골목길을 와인에 취해 걷다 보면 탈속적인 중세로의 시간 여행에 잠길 수 있다.

사진 출처
위키피디아, 플리커
19쪽 첫 번째 ⓒNationaal Archief
49쪽 세 번째 ⓒEmDee
72쪽 세 번째 ⓒJac de Nijs
110쪽 세 번째 ⓒDoo Ho Kim
119쪽 첫 번째 ⓒCheolstar
161쪽 세 번째 ⓒBenoît Prieur
198쪽 첫 번째, 세 번째 ⓒEric Hossinger

네이버 블로그 ⓒ김베짱이
blog.naver.com/vegemilses
253쪽 세 번째
255쪽 첫 번째, 세 번째
258쪽
259쪽 첫 번째, 두 번째